공감 프레젠테이션

공감 프레젠테이션

초판 1쇄 발행 2017년 8월 30일
　　2쇄 발행 2019년 3월　4일

지은이 이유미, 김은진, 윤경선, 김지연, 노석영

펴낸이 박민우
기획팀 송인성, 김선명, 박종인
편집팀 박우진, 김영주, 김정아, 최미라, 전혜련
관리팀 임선희, 정철호, 김성언, 권주련
펴낸곳 (주)도서출판 하우

주소 서울시 중랑구 망우로68길 48
전화 (02)922-7090
팩스 (02)922-7092
홈페이지 http://www.hawoo.co.kr
e-mail hawoo@hawoo.co.kr
등록번호 제475호

값 15,000원
ISBN 979-11-88568-00-0 13320

* 이 책의 저자와 (주)도서출판 하우는 모든 자료의 출처 및 저작권을 확인하고 정상적인 절차를 밟아 사용하였습니다.
  일부 누락된 부분이 있을 경우에는 이후 확인 과정을 거쳐 반영하겠습니다.

* 이 책은 저작권법에 따라 보호받는 저작물이므로 무단전재와 무단복제를 금지하며,
  이 책 내용의 전부 또는 일부를 이용하려면 반드시 저작권자와 (주)도서출판 하우의 서면 동의를 받아야 합니다.

공감 프레젠테이션

이유미, 김은진, 윤경선, 김지연, 노석영 지음

저자 서문

　현대 사회를 소통의 사회라 하면서도 소통이 부재한 사회라고 말합니다. 소통이 중요하다고 하면서도 우리는 소통에 있어 고통을 호소하고 있음에 대한 표현입니다. 그러나 이러한 현상은 비단 지금 우리 세대만의 문제는 아니었을 것입니다. 인간이라는 존재가 가진 기본적인 모습이 타인의 이야기를 듣기보다 내가 이야기하는 것을 더 좋아하기 때문에, 충분한 표현과 공감을 얻지 못해 느끼는 불통의 갈등은 어느 세대에나 존재해 왔습니다.

　소통의 시대는 곧 자기표현의 시대라고 말합니다. 자기를 표현하는 것은 단지 생각의 표출만을 위한 것이 아니고, 청자가 자신의 이야기를 듣고 함께 느끼고, 동의하기를 바라는 마음으로 하는 것입니다. 즉, 자기표현은 공감 받고 싶은 마음으로 행하는 행위인 것입니다. 그렇다면 우리는 어떻게 해야 공감 받는 표현을 할 수 있을까요?

　이러한 생각에서 '공감 프레젠테이션'은 출발합니다. 프레젠테이션은 현대 사회에서 공적 소통의 필수 능력이라 일컫습니다. 그렇기 때문에 수많은 프레젠테이션 관련 사이트와 강좌가 넘쳐나고, 취업이나 면접을 준비하는 학생들은 사설학원이나 온라인 강좌 등을 수강하고자 노력하고 있습니다. 그런데 이러한 노력들을 보고 있으면 어떻게 하면 잘 표현할 것인가 하는 말하기 기술에 집중하고 있는 것이 아닌가 하는 생각이 들곤 합니다.

　그러나 프레젠테이션은 기술이기보다는 소통 능력 즉, 공적 "대화"입니다. 대화는 일정한 프로세스를 가진 기술이 아니라 청자와의 진심을 나누는 과정이라고 볼 때 프레젠테이션 역시 그러합니다. 그러므로 프레젠테이션을 준비하는 사람은 청자와 공감할 수 있어야 합니다. 우리가 대화를 원활히 이끌어 가기 위해서는 나의 말에 대한 청자의 반응을 살펴야 하고, 청자가 나의 대화에 흥미를 잃으면 더 이상 대화를 이어갈 수 없듯이 청자의 공감은 화자가 말을 하는 데 있어서 절대적 요인입니다.

　'공감 프레젠테이션'은 이러한 프레젠테이션의 중요한 본질을 담고자 한 제목입니다. 이 제목을 통해 청자를 공감하여 만든 내용이 청자의 공감을 획득하였을 때 프레젠테이션은 성공할 수 있다는 것을 말하고자 하였습니다.

　동일한 제목의 '공감 프레젠테이션'은 중앙대학교 교양대학 강좌로 진행 중입니다. 앞선 현대 사회의 요구에 따라 대학생들을 위한 프레젠테이션 강좌를 2012년부터 개설 운영하여 왔습니다. 이 강좌를 통해서 학생들에게 강조하고 있는 것은 청자가 무엇을 듣고 싶어 하는지, 어떤 것에 관심을 가지는가에 공감하는 화자가 되어야 청자에게 공감 받는 화자가 될 수 있다는 것이었습니다. 모든 커뮤니케이션이 그렇듯 프레젠테이션은 간단한 과정이 아닙니다. 화자의 욕구와 청자의 욕구를 협상하여 화, 청자 모두가 만족할 수 있는 결과를 도출해야 하기 때문이지요. 이를 위해서 화자는 자신이 이해시키고 싶은 내용을 청자의 관심에 맞추어 청자가 가장 잘 이해할 수 있는 방법으로 프레젠테이션 해야 합니다.

이 책은 이러한 고민들의 결과를 담고자 노력하였습니다. 프레젠테이션이라는 과정이 단지 말하는 능력만이 아니라 내용 구성 능력, 그리고 디자인 능력까지 필요로 하는 종합적인 행위이기에 하나의 강좌 안에서 이 모든 것을 소화하기는 어려움이 있습니다. 그렇기에 본 책에서는 스피치에만 집중하여 언어적, 비언어적 스피치 능력과 내용 구성 방법을 중심으로 하였습니다. 또, 프레젠테이션은 하나의 공통된 방법론보다는 개별 화자의 특성을 진단하여 발전시켜 나가는 측면이 크기 때문에 사실상 책을 통해 다양한 내용을 진단하고 설명하기는 한계가 있습니다. 그러나 다양한 실습 내용을 '생각해 보기' 란을 통해 제공함으로써 스스로 점검하고 실습할 수 있도록 구성하였습니다.

이 책은 기본적으로 대학 교양 수업 교재를 위하여 만들어졌습니다. 그렇기 때문에 이론과 실습의 구성으로 이뤄져 있으나 자가 학습을 하는 분들을 위해서 다양한 동영상 링크를 제공하고자 하였습니다. 본문 구성 안에서 QR코드를 활용하여 참고할 동영상을 링크하여 두었고, 이 동영상을 활용한 실습 또한 제공하였습니다.

전문가와 함께 학습하지 않는 분들에게 조언하는 이 책의 활용 방법은 각 장에서 제공하는 실습을 할 때에는 반드시 녹음이나 영상 촬영을 스스로 하여, 본인이 다시 듣기를 통해 점검하는 방법과 지인들의 피드백을 활용하여 학습할 것을 권장합니다. 프레젠테이션은 전문가 한 사람을 설득하거나 이해시키기 위한 것이 아니라 불특정한 일반 청중을 설득하거나 이해시키기 위한 것이기 때문에 여러분 옆에 있는 여러 친구들이 날카로운 청중이 되어 여러분의 프레젠테이션을 조언할 수 있을 것이기 때문입니다.

끝으로 이 책이 나오기까지 애써 주신 분들께 감사드리고자 합니다. 무엇보다 공동 집필을 해주신 교수님들이 계시지 않았다면 책을 쓰기까지 용기 낼 수 없었을 것입니다. 또한, 거친 원고를 보고 꼼꼼하고 세심하게 이 책을 만들어 주신 하우출판사 관계자 분들께 진심으로 감사드립니다. 그리고 이 모든 만남을 축복으로 이끌어 주신 하나님께 감사드립니다.

이 책이 프레젠테이션에 두려움을 가진 분들에게 용기를 주는 작은 시작이 되길 바라며...

2017년 8월 23일
저자를 대표하여 이유미 씀.

목 차

저자 서문

1. 프레젠테이션이란 무엇인가

1.1 프레젠테이션이란 무엇인가 10
1.2 프레젠테이션 두려움 13
1.3 프레젠테이션의 목적 14
1.4 프레젠테이션에 대한 오해와 진실 15

2. 프레젠테이션 준비

2.1 목적 설정 29
2.2 청중 분석 30
2.3 장소 분석 33

3. 프레젠테이션 구성 도입부터 마무리까지

3.1 도입 42
3.2 마무리 48
3.3 은유를 활용한 스피치 내용 구성 51

4. 프레젠테이션 구성 목적 유형

4.1 스토리텔링 프레젠테이션 68

4.2 설명형 프레젠테이션 79

4.3 설득형 프레젠테이션 97

5. 프레젠테이션 발표 비언어적 표현

5.1 발음 발성 126

5.2 태도 자세 136

5.3 나를 이해하기 140

6. 프레젠테이션 발표 언어적 표현

6.1 프레젠테이션에서 유용한 표현 157

6.2 프레젠테이션에서 금지되는 표현 162

제1장

프레젠테이션이란 무엇인가

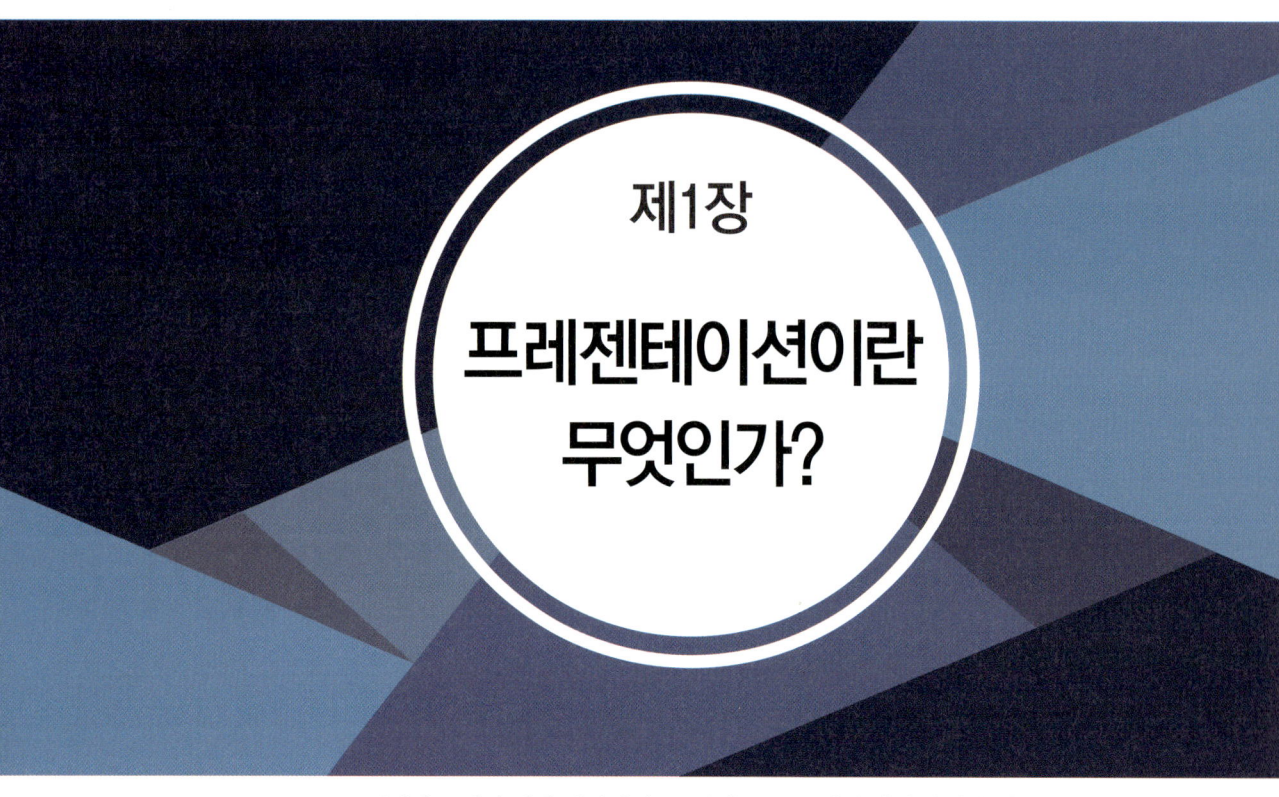

제1장
프레젠테이션이란 무엇인가?

"어떤 문제에 대해 판단할 수는 있어도 그 문제에 대해 자신의 입장을 설명할 수 없는 사람은 그 문제에 대해 전혀 생각해 보지 않은 사람과 다를 바 없다."•

-페리클레스-

1.1 프레젠테이션이란 무엇인가?

현대 사회에 들어서는 프레젠테이션을 할 일이 많다고들 말한다. 프레젠테이션은 현대 사회를 살아가는 데 있어 가장 중요한 능력이라고도 말한다. 이는 그만큼 우리가 다양한 곳에서 다양한 방법으로 말할 기회를 갖고, 또 이를 수행해야 하는 의무 속에서 살아가기 때문일 것이다. 가장 가깝게는 새로운 자리에서 자기를 소개해야 하는 자기소개부터, 초, 중, 고등학교, 대학 수업 시간의 발표까지 모두 프레젠테이션을 해야

- One who forms a judgment on any point, but cannot explain himself clearly to the people, might as well have never thought at all on the subject. (Ehninger, Douglas Whately, Richard Potter, David (1846:10))

한다. 그뿐 아니라 직장에 들어가기 위한 면접부터 그리고 직장 생활을 해 나가는 데 있어서의 다양한 형태의 프레젠테이션은 우리의 전 삶과 함께 있다.

프레젠테이션에 관한 연구 가운데 문화사적 의의와 사적 고찰을 실시한 김영은·윤태진(2013)의 연구는 한국 사회 내 프레젠테이션 문화의 출현과 그 의미에 대하여 논하고 있다. 이 논문은 프레젠테이션이 가진 사회적 의미를 이해하기 위하여 1992년부터 20년 동안의 신문 기사와 단행본의 추이를 분석하였다(총 1476개의 신문 기사와 377개의 단행본). 이를 통하여 프레젠테이션이 가지는 현재적 의미를 두 가지로 해석하였다. 문화로서의 프레젠테이션과 능력으로서의 프레젠테이션이 그것이다. 문화로서의 프레젠테이션은 프레젠테이션을 많이 하는 현상이자 사회적인 열풍을 의미한다. 그리고 능력으로서의 프레젠테이션은 프레젠테이션 능력이 이 시대에 반드시 갖추어야 할 능력이라는 것을 의미한다. 이러한 특징을 가진 프레젠테이션을 이해하기 위해 이 논문에서는 다음의 세 가지 층위로 접근하였다.

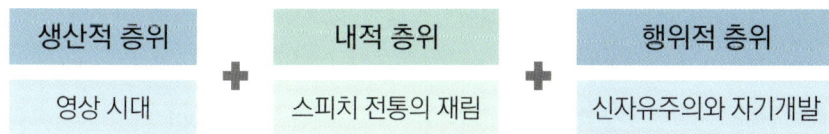

그림 프레젠테이션 문화의 접근(김영은·윤태진, 2013:156)

김영은·윤태진(2013)에서 제시한 세 가지 층위에서 주목할 것은 스피치 전통의 재림이라는 부분인데, 이는 전통의 재림이라기보다는 스피치 전통의 방법론 변화로 보아도 좋을 것이다. 스피치의 전통은 지속적으로 이어져 왔다. 단지 이를 위한 효과적 방법론이 시대마다 달라졌을 뿐, 설득과 이해의 스피치는 그 기본적 방법론에 있어서 큰 변화를 보이지 않았고, 이에 대한 관심도 끊임없이 존재하였다. 결국 프레젠테이션이 가지는 새로운 의미는 문화적 측면에서 환경적 변화가 이끌어 오는 새로운 스피치 방법론의 변화이며 이것의 보편화로 인한 핵심 역량적 차원으로 변화하였다고 볼 수 있다.

결국 프레젠테이션은 이제 현대 사회에서 없어서는 안 될 중요한 표현 수단이 되어

버렸다. 그렇기 때문에 대학이 아닌 일반 분야에서도 중요한 연구의 대상이 된 것이다.

이러한 설명 속에서 우리는 프레젠테이션이 무엇인가라는 생각을 하게 한다. '자기소개도 프레젠테이션인가?' '시각적 매체를 활용하지 않은 말하기도 프레젠테이션인가?' 하는 의문을 갖게 되는 것이다.

프레젠테이션과 스피치(Presentation vs Speech)의 문제는 우리만의 고민은 아닌 듯하다. The Total Communicator(2003)이나 Public words(2008)에서도 스피치와 프레젠테이션의 차이에 대해 이야기하고 있는데 이들을 구별하는 글에서 동일하게 제시하고 있는 주장은 스피치는 시각적 매체를 사용하지 않고, 프레젠테이션은 시각적 매체를 사용한다는 것이다. 예를 들어 여러분의 연사가 앞에 있는 프롬프트에 뜨는 원고를 활용하여 연설을 하고 있는 것은 프레젠테이션인가 스피치인가? 또는 여러분의 연사가 뒤에 있는 화면을 이용하여 연설을 하고 있다면 이는 프레젠테이션인가 스피치인가? 전자를 스피치라고 하고 후자를 프레젠테이션이라고 한다. 청중에게 시각적 자료가 제시되고, 이가 활용된 연설을 하는가 아닌가가 구별의 기준이 되는 것이다. 즉, 이 구별은 청자가 메시지를 해석하는 데 있어서 시각적 자료가 영향을 미치는가의 여부에 따라 스피치와 프레젠테이션이 나뉜다는 것이다. 같은 입장으로 조맹섭·조윤지(2011:5)에서도 프레젠테이션을 청중에게 생각이나 주장, 이론 또는 제안, 요청 등을 시청각 자료를 활용하여 제시하고 설명하는 행위라고 보고 있다.

그러나 이러한 정의에도 불구하고 현대 사회의 프레젠테이션은 다양한 측면에서 스피치의 영역을 포함한다. 반대로 스피치 또한 프레젠테이션의 영역을 포함한다. 프레젠테이션의 영역이 가지는 시각적 자료 제시의 특징이 오히려 스피치에 부정적 영향력을 미친다는 점에서 연설의 다양한 차원을 프레젠테이션으로 묶기도 하는 것이다.

이렇게 보았을 때 프레젠테이션을 하는 데 있어서 무엇보다 중요한 것은 스피치 능력이라고 할 수 있다. 스피치에 대한 기본적인 두려움은 프레젠테이션의 두려움과 같이 할 수밖에 없기 때문이다.

1.2 프레젠테이션 두려움

그렇다면 프레젠테이션이 왜 두려운 것인가? 조맹섭·조윤지(2011:8)에서는 프레젠테이션이 두려운 이유를 한정된 시간 내에 메시지 전달을 완료해야 하는 시간 제약과, 목적을 가지고 설명하고 목적을 달성해야 한다는 부담감 때문이라고 주장하고 있다. 물론 이처럼 우리가 목적의식을 갖고 있기 때문에 그것에 대한 부담감이 우리를 두렵게도 하지만, 다양한 커뮤니케이션 상황에서 우리가 두려움에 노출되는 것은 사실상 '무지' 때문이다.

그림 2 상자 1   그림 3 상자 2

만약 여러분이 지나가고 있는데 어떤 사람이 여러분을 붙잡고 두 상자 안에 있는 물건을 꺼내 주면 상품을 준다고 했다고 상상해 보자. 이때 여러분이 두 상자 안에 손을 넣는 모습을 상상해 본다면 이는 사뭇 다른 모습일 것이다. 〈그림2〉의 상자 안에 공이 있고, 〈그림 3〉의 상자 안에 병아리가 있었을 때, 비록 병아리가 여러분의 손을 다치게 할 수 있음에도 우리는 〈그림2〉의 상자에 손을 넣을 때 더욱 조심스럽게 넣고, 또 두려움을 가지고 넣을 것이다. 왜 그럴까? 그 이유는 〈그림2〉의 상자 안에 있는 것에 대한 무지로 인해 어떤 대처를 해야 하는가에 대한 계획을 할 수 없기 때문에 이에 대해 막연한 두려움을 갖게 되는 것이다.

우리의 프레젠테이션도 마찬가지이다. 주제에 대한 무지, 청중에 대한 무지, 장소에 대한 무지, 그리고 돌발 상황에 대한 무지 등이 두려움을 유발한다. 그렇기 때문에 프레젠테이션 준비에 있어 가장 중요한 요소로 3P 분석(청중(person), 목적(purpose), 장소(place))을 두는 것은 이러한 무지에 대한 대비라고 할 수 있다. 결국 발표에 대한 두려움을 없애는 가장 좋은 방법 중 첫 번째는 철저한 준비이고, 두 번째는 이러한 발표에 대한 다양한 경험을 통해 익숙해짐으로써 자신 스스로의 다양한 무지로부터 벗어나는 것이라고 할 수 있겠다.

1.3 프레젠테이션의 목적

프레젠테이션을 두려운 존재라고 이야기 했다. 그럼에도 우리는 수많은 시간 동안 프레젠테이션을 해야만 한다. 이렇게 두렵지만 필요한 프레젠테이션이 가진 궁극의 목적은 무엇일까?

조맹섭·조윤지(2011:13)에서 프레젠테이션의 목적은 한마디로 청중의 마음을 움직이게 하는 것이라고 정의하고 있다.

- 발표자가 전하는 메시지를 청중이 이해하도록 하는 것이다.
- 발표자가 전하는 정보를 청중이 수용하도록 하는 것이다.
- 발표자가 제안하는 내용을 청중이 수락하도록 하는 것이다.
- 발표자가 요청하는 내용을 청중이 수행하도록 하는 것이다.

프레젠테이션의 위의 목적은 Monroe(1943)의 동기화 과정(Motivated Sequence)에서 이야기하는 것과도 통하는 부분이 있다. Monroe(1943)의 동기화 과정은 설득 스피치에서 유용하게 교육되고 있고 사용되고 있는데, 이는 다음과 같이 5가지 단계로 되어 있다.

1. **주의 끌기**(Attention) : 청중의 주의를 끌어라.
2. **필요성 인식**(Need) : 문제를 기술하고 변화의 필요성을 보여줘라.
3. **만족**(Satisfaction) : 합리적이고 실용적인 해결 방법을 제시하라.
4. **가시화**(Visualization) : 청중에게 결과를 그림으로 제공하라.
5. **행동**(Action) : 청중에게 즉각적인 행동을 요청하라.

이와 같은 다섯 단계에서 마지막 단계가 행동인 것처럼 우리의 스피치는 청중의 변화(그것이 이해가 되었건, 행동이 되었건 현재로부터의 변화를 의미한다.)를 이끌어 내기 위한 것이다. 결국 프레젠테이션은 청중의 변화를 이끌어 내기 위한 궁극적인 목적을 설정하고, 이를 효과적으로 이끌어 내기 위한 스피치 방법을 연구하여 실행해 내는 것을 목적으로 하고 있다. 그렇기 때문에 프레젠테이션의 성패 여부는 청자의 변화 여부(이해나 설득)에 달려 있다는 것은 당연하다고 할 수 있다.

1.4 프레젠테이션에 대한 오해와 진실

프레젠테이션을 해야 한다고 생각할 때 우리가 흔히 접하는 다양한 오해[•]가 있다. 그 중 가장 대표적인 것이 프레젠테이션을 잘하는 것은 타고난 것이라고 생각하는 것이다. 이 외에도 프레젠테이션에 대한 다양한 오해들이 존재하는데, 이에 대해서는 하나씩 천천히 살펴보면서 프레젠테이션에 대한 부담감을 털어 보고자 한다.

- 다이앤 디레스터 저, 심재우 역, pp. 25-29, (2010)

★ 프레젠테이션에 대한 오해와 진실: **"나는 스피치 전문가가 아니다."**

프레젠테이션에 대한 오해 중 하나는 스피치가 전문가만이 할 수 있는 것이고 생각하는 것이다. 그리고 우리는 평소에 어떤 연설도 할 필요가 없기 때문에 이러한 스피치에 대해서 배울 필요가 없다고 생각하기도 한다. 그뿐 아니라 프레젠테이션 역시 업무에 따라서 필요한 사람들만 배우면 된다고 생각하는 경우가 많다.

하지만 우리는 항상 우리의 생각을 표현하면서 살고 있다. 이것은 모두 스피치의 일종이다. 이렇게 본다면 우리는 모두 연설가이며, 인생 자체가 하나의 연설행위라고 할 수 있다.

★ 프레젠테이션에 대한 오해와 진실: **"프레젠테이션은 잘 만들어진 파워포인트면 된다."**

사례 1

저는 나이가 들어서 그런지 컴퓨터를 활용하는 데에 자신이 없어요. 젊은 직원들은 '파워포인트'인가 뭔가 하는 것으로 멋지게 자료를 만들어 와서 세련되게 프레젠테이션을 하는데 저는 늘 마이크 하나 달랑 들고 판서하면서 말하는 게 익숙하고 편하거든요. 시대에 뒤처진 심정입니다.

사례 2

저는 컴퓨터를 활용한 비주얼 자료를 잘 만듭니다. 그림이나 사진, 도형, 그래프들을 자유자재로 멋지게 제작할 수 있습니다. 그런데 정작 프레젠테이션을 할 때면 분위기가 딱딱해지고 어색해지며 청중은 저와 동떨어져 있는 느낌을 받게 됩니다. 저희 상무님께서는 시각 자료 없이도 마이크 하나만 들고서 청중을 확 끌어당기더라고요. 저는 어떻게 해야 좋을지 고민입니다.

위의 두 사례*는 프레젠테이션에 대한 상반된 입장의 두려움이다. 우리가 앞선 정의에서 〈사례1〉의 경우는 프레젠테이션이 아닌 스피치라고 정의하였다. 그러함에도 두 프레젠테이션 스타일을 비교하는 것은 〈사례2〉가 가진 문제점을 이해하기 위해서이다. 〈사례1〉의 경우는 보조 자료를 멋지게 사용하는 기술에 대한 부족을 느끼는 것이고, 〈사례2〉의 경우는 보조 자료에 대한 자신감과 달리 스피치에 대한 부족을 느끼고 있다. 그런데 앞선 설명에서 파워포인트를 '보조 자료'라고 말한 것처럼, 시각 자료는 궁극적으로 우리의 스피치를 보조하기 위한 도구이다. 이렇게 본다면 주가 되는 스피치에 대한 충분한 준비 없이 보조 자료만을 훌륭하게 만드는 것은 유기농의 좋은 재료를 가지고 만든 음식이 맛이 없는 결과를 내는 것과 같을 수 있다.

이 때문에 근래의 기업에서는 보고를 할 때 파워포인트를 활용하지 않게 하거나, 고정된 템플릿 안에 내용을 채워 넣는 형태를 권장하여, 시각 자료를 만드는 시간보다는 내용의 충실성과 이를 전달하기 위한 노력에 집중하고 있다.

> [新 기업문화] "정장 벗어 던지고, PPT 삭제해라" 현대카드의 혁신
> ## 'PPT 전면 금지' 업무 본질에 집중하라
>
> 현대카드 조직문화의 첫걸음은 '심플리케이션', 간소화다. 핵심에 집중하고 효율성을 극대화시킨다. 회사가 성장하면서 자연스럽게 발생하는 비대화와 관료화를 최소화하는 것을 첫 번째 목표로 삼았다.
> 과거에는 현대카드 역시 여느 회사처럼 불필요한 PPT 작업으로 많은 시간과 인력을 소모해 왔다. 이들은 디지털문화에 걸맞게 사무용지를 줄이는 것에서부터 출발

• 김현기, pp. 22-24, (2010)

했다. 형식보다 내용에 집중하고, 불필요한 PPT 수정과 리뷰를 금지했다.

대부분의 경우 PPT는 시각적인 효과가 중요하게 여겨진다. 보고 내용보다 깔끔하고 세련된 이미지에 과도한 자원을 쏟는, 소위 '뽀대'에 몰두하는 부작용이 발생한다. 'X가지 법칙'이나 'X가지 요소' 등 PPT 구성을 위한 불필요한 내용도 늘어났다. 이에 현대카드는 혁신적으로 'ZERO PPT' 정책을 시작했다.

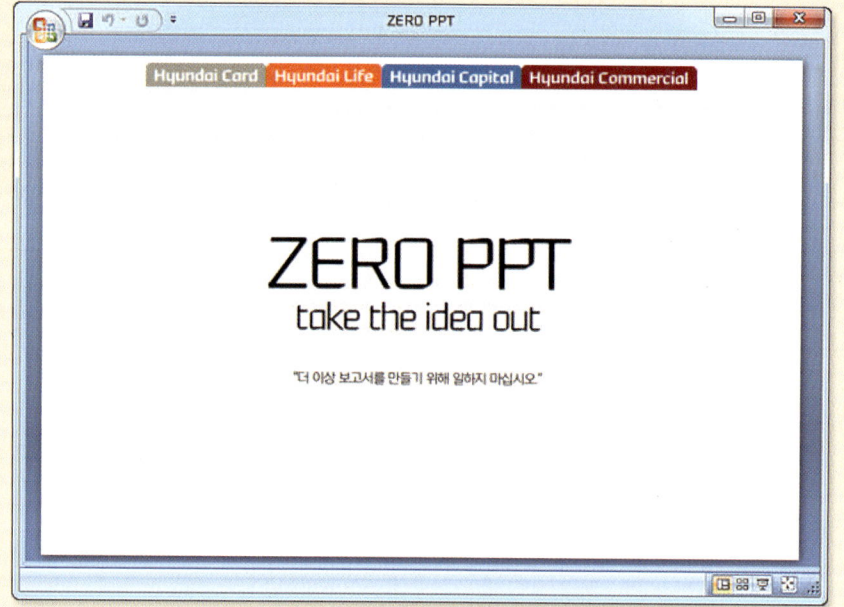

ZERO PPT 정책 도입 자료 〈출처=현대카드 홈페이지〉

정책을 강력하게 밀어붙이기 위해서 심지어는 직원용 PC에서 아예 PPT 작성 프로그램을 삭제해 버렸다. 보고는 워드프로세서, 엑셀, 수기 중 가장 효율적인 방식을 골라 진행했다. 초기에는 직원들의 반발도 있었다. 워드나 엑셀을 PPT처럼 꾸며서 보고하는 편법도 생겼다. 그러나 현대카드는 PPT 금지 정책을 꾸준하게 밀어붙였다. 새로운 정책이 자리를 잡아가자, 형식보다는 내용에 집중하는 분위기가 형성되고 업무 속도와 효율성이 높아졌다.

〈국제신문 2016. 05. 12〉

★ 프레젠테이션에 대한 오해와 진실: "스피치 내용을 외워야 한다."

　　스피치를 준비할 때 내용을 모두 외워야 한다는 강박 관념을 갖고 있는 사람을 자주 마주하게 된다. 외워서 '완벽하게' 진행할 수 있다면 굳이 말려야 할 필요는 없겠지만, '완벽'이라는 것은 불가능하기에 이는 의미가 없다고 말한다. 일단 인간의 머리는 한계가 있기 때문에 완벽하게 3분~5분 또는 15분 이상의 스피치 내용을 외우는 것은 불가능하다. 반드시 실수를 하게 마련인데, 이때 실수가 한 번 나타나면 당황해서 그 다음부터는 모든 스피치가 엉망이 되기 일쑤이다. 그렇기 때문에 외우는 것은 매우 위험한 행동이다.

　　외워서 스피치를 행하는 사람들에게는 크게 세 가지 특징이 있다. 일단 '어색하다'. 왜냐하면 외우는 것은 현재적 창의의 뇌를 쓰는 것이 아니라 회상의 뇌를 쓰는 것이기 때문에 그에 맞는 객관적인 억양을 유지하게 된다. 즉 교감이 없는 책 읽기 투의 억양을 갖게 되는 것이다. 두 번째로는 회상의 뇌를 쓰기 때문에 시선이 청중과 소통되지 않는다는 점이다. 인지학적으로 회상의 뇌를 쓸 경우 눈이 위로 향한다는 결과가 있는데, 위를 쳐다보지 않는다 하더라도 사람들의 반응을 즉각적으로 반영하는 현재적 아이 콘택트는 이루어지지 않는다. 세 번째로는 앞의 뇌의 문제와 연결되듯이 현장성이 반영되지 않는다는 문제가 있다. 뇌도 과거의 뇌를 쓰고 있고, 원고도 과거의 것을 그대로 쓰고 있기 때문에 현장에서 청중이 보내는 반응에 전혀 교감하거나 반응하지 않고, 이에 따라 청중과 호흡하는 발표가 되기는 어렵다.

　　이와 같은 문제로 인하여 어떠한 종류의 스피치가 되었건 외우는 것은 위험하다. 그렇다고 원고를 들고 그대로 읽는 것을 권하는 것 역시 외워서 틀리는 것만큼이나 나쁘다.

　　"스피치는 청중과의 대화이다." 그러므로 현장에서 청중과 교감할 수 있도록 중요 내용을 메모하고 충분한 연습을 통하여 내용이 숙지되도록 하는 것이 중요하다.

★ 프레젠테이션에 대한 오해와 진실: **"모든 내용을 포함시켜야 한다."**

스피치 원고를 작성할 때, 특히 자기소개 원고를 작성하는 학생들을 지도할 때 느끼는 것은 각자 하고 싶은 이야기가 너무 많다는 것이다. 너무 많은 정보를 주고자 하는 욕심으로 핵심이 없는 나열이 되는 경우가 많고, 듣는 사람으로 하여금 어떤 정보를 취사선택해야 하는지 혼란스럽게 하며, 재미없고 제한 시간을 어기는 다양한 우(愚)를 범하게 된다.

다양한 영양소의 반찬을 먹이기 위해 30가지의 반찬을 나열하게 되면 결국 손님은 자기가 먹고 싶은 음식만 먹게 된다. 그리고 상을 차린 사람이 중요하게 여기는 반찬이라는 것이 손님 입장에서는 고려의 대상이 아니게 된다. 이렇게 본다면 결국 밥상을 차린 사람은 자신이 목적한 바대로 손님이 식사를 하지 않았다는 불만을 갖게 될 것이다. 하지만 반드시 손님에게 대접하고 싶은 음식 하나만을 준비하여 상에 내놓는다면 손님은 그 음식에 대한 호불호를 떠나서 반드시 맛봐야 한다. 이렇게 보았을 때 전자의 경우에는 손님이 음식 선택권을 가졌다면 후자의 경우에는 음식을 만드는 사람이 선택권을 갖는 것이다.

스피치도 마찬가지이다. 물론 청자가 화자의 말을 듣고 원하는 방식으로 선택하여 해석하고 듣지만 어떤 정보를 가치 있게 전달할 것인가의 주도권을 화자가 먼저 쥐어야만 청자에게 화자의 의도가 명료하게 전달될 수 있다. 그러므로 너무 다양한 정보를 많이 나열하는 것보다는 핵심이 잘 드러나게 구성하는 것이 중요하다.

★ 프레젠테이션에 대한 오해와 진실: **"한 곳에 가만히 서서 말해야 한다."**

스티브 잡스의 프레젠테이션이 유행을 한 이후, 오히려 "한 곳에 가만히 서서 말하지 말라."가 더 일반적인 말이 되었을지 모른다. 하지만 스티브 잡스에 대해 오해를 한 부분이 있다면, 바로 그의 프레젠테이션 방식은 단순한 움직임이 아니라는 것이다. 프레젠테이션에서 연사의 움직임은 말이나 시각 자료 만큼이나, 아니 그 이상으로 중요하다. 이후에 다시 다루겠지만, 메라비언의 법칙에 따르면 결국 언어로 청중의 이해에 영향력을 행사하는 것은 고작 7%에 지나지 않기 때문이다.

그렇기 때문에 움직임은 매우 중요한데, 너무 많이 움직이거나 슬라이드를 가리는 것과 같이 자신의 시각 자료나 말에 악영향을 주는 움직임은 오히려 움직이지 않는 것만 못하다. 움직임은 내용에 '활동성'을 부여하는 작업이다. 이것이 내용 이해를 방해하게 된다면 오히려 하지 않는 것만 못하다는 것을 꼭 명심해야 한다.

생각해 보기

다음 두 연설문을 비교하여 좋은 연설문의 특징을 분석해 보십시오.

1 미국은 모든 것이 가능한 나라라는 것에 대해 회의를 갖고 있는 분이 계시다면 우리는 오늘 그분에게 우리 건국 선조들이 가졌던 꿈이 가능했다는 것을 보여드렸습니다. 그 어느 때보다 역사상 가장 많은 사람들이 투표에 참여했습니다. 여러 시간 투표소에서 기다리며 귀중한 한 표를 행사한 것입니다. 그들의 목소리가 바로 변화입니다. 선거에 참여한 공화당원, 민주당원, 남녀노소 등을 비롯한 미국민들이 바로 미국의 힘입니다. 하지만 가장 먼저 감사드리고 싶은 것은 국민 여러분입니다. 저는 이번 대선에서 승리할 것이라고 예상하지 못했습니다. 선거자금도 부족했고 선거유세도 제대로 준비되지 않았었습니다. 찰스턴에서 저희는 5달러, 10달러, 20달러씩 작은 돈을 모아서 작은 유세를 시작했습니다. 그분들의 힘이 저에게 큰 도움이 됐습니다. 젊은이들뿐 아니라 나이 드신 분들께서도 저의 유세장에 와서 지지를 표명해 주셨습니다. 방금 전 매케인 상원의원이 저에게 전화를 했습니다. 길고 치열한 선거 경쟁을 벌였습니다. 그의 노력은 애국심에서 비롯된 것이라고 믿습니다. 더 나은 미래를 위해 이기심을 없애고 그들과 함께 나아갈 것입니다. 매케인 & 페일린과 함께 우리가 약속한 것을 이뤄 나가기 위해 최선을 다하겠습니다. 우리의 국가와 의회 전 세계 목소리에 귀 기울이고 있으며 미국 현안에 대해 잘 알고 있습니다. 세계를 분열시키는 사람들, 그 세력을 패배시킬 것입니다. 저는 평화와 안정을 추구하는 사람들을 지지합니다. 미국이 앞으로 더더욱 빛나는 국가가 되도록 노력하는 것은 바로 우리의 부와 돈이 아니라 기회와 민주주의, 우리의 땀이라는 것을 보여 줄 것입니다. 그것이 바로 진정한 미국의 정신입니다.

2 저희는 지금 닥친 도전을 훌륭히 이겨 내야 더 나은 미래를 맞이할 수 있습니다. 지금 금융위기도 극복해내야 합니다. 지금 이 시간에도 이라크와 아프가니스탄에서 미군이 고군분투하고 있습니다. 지금 국내에서 많은 분들이 주택 대출금을 어떻게 갚아야 할지 하는 걱정 때문에 잠 못 이루는 분들이 많습니다. 많은 학교와 교육 시설을 지어야 합니다.

3 오늘 애틀랜타에서 표를 던져 준 여성이 있습니다. 그분에게 특별한 점이 있다면 바로 오랫동안 미국에서 노예 생활을 한 선조가 있다는 것입니다. 그분은 그동안 피부색과 흑인이라는 이유로 투표를 하지 못했습니다. 하지만 오늘은 투표를 했습니다. 그들이 마련한 그들의 고통과 노력이 바로 이 자리에서 보답 받고 있습니다. 두 세기가 지나서 예전에 꿈꾸었던 국민의, 국민에 의한, 국민을 위한 정부가 드디어 탄생했습니다. 여러분이 선거에 승리하기 위해 저를 지지했다고 생각하지 않습니다. 우리가 처한 국가 현안이 산적하다는 것을 알고 있기 때문에 저는 지지했다고 생각합니다. 저희는 지금 닥친 도전을 훌륭히 이겨 내야 더 나은 미래를 맞이할 수 있습니다.

오바마 당선 수락 연설문

1 방금 클린턴 장관의 전화를 받았습니다. 클린턴 장관은 우리를 축하해 주었습니다. 오늘의 결과, 우리의 승리에 대한 이야기였습니다. 나는 그녀와 그녀의 가족들이 아주 열심히 선거운동을 했던 것을 격려해 주었습니다.

2 우리는 도심 지역을 개선하고 고속도로, 다리, 터널, 공항, 학교, 병원을 다시 지을 것입니다. 우리의 인프라를 재건하는 것을 최우선으로 삼을 것이며, 재건 과정에서 수백만 명을 일하게 만들 것입니다. 너무나 충성스러웠던 우리의 위대한 참전 용사들을 결국 보살필 것입니다. 저는 이번 18개월 여정 동안 그들을 정말 많이 알게 되었습니다. 선거 운동 기간에 그들과 함께 보낸 시간은 저의 가장 큰 영예 중 하나였습니다. 우리 재향 군인들은 대단한 사람들입니다. 우리는 전국적 성장과 부활의 프로젝트를 시작할 것입니다. 저는 우리 나라 사람들의 창의적 재능을 사용하고, 가장 명석한 최고의 사람들의 엄청난 재능을 이용하여 모두에게 혜택이 가도록 할 것입니다. 힐러리는 아주 열심히 싸웠습니다. 아주 오랫동안 열심히 일했습니다. 우리 나라를 위해 봉사한 그녀에게 우리는 크게 감사해야 할 것입니다.

3 우리는 힘을 합쳐 우리 나라를 재건하고 아메리칸드림을 새롭게 하는 시급한 일을 시작할 것입니다. 저는 평생 비즈니스를 하며 전 세계의 프로젝트와 사람들에게서 아직 손대지 않은 잠재력을 보았습니다. 미국은 더 이상 최고가 아닌 것에 만족하지 않을 것입니다. 우리는 우리 나라의 운명을 되찾고, 크고 대담하고 용감한 꿈을 꾸어야 합니다. 우리는 다시 한 번 우리 나라를 위한 아름답고 성공적인 것들을 꿈꾸어야 합니다.

트럼프 당선 수락 연설문

TIP 좋은 연설문의 조건

제의적(epideictic) 특성으로 수사 분석을 한 논문인 박성희(2009)에 따르면, 고대 수사학의 세 가지 장르 중 하나인 제의적(epideictic) 장르의 특성을 문헌 검토를 통해 1) 청중통합 2) 국가 이상의 가치적 특성과 철학의 피력 3) 영원한 현재를 지향하는 시간성 이렇게 세 가지로 분석하고 있다. 여기서 제의적(epideictic)이라는 말은 '내 보이기 적합하다(epideictic genre)'는 그리스 말에서 유래했으며, 말 그대로 각종 의식이나 축제, 행사의 시작과 끝, 결혼식장과 장례식 등에서 행해지는 연설을 통칭하는 수사학의 장르를 뜻한다고 정의 내리고 있다. 또 이 연구에서는 분석 방법으로 수사 분석 기법의 하나인 단어 분석(lexicon analysis)을 사용하고 있다. 앞의 두 연설문에 박성희(2009)의 분석틀을 적용해 청중통합의 단어와 구절, 국가 이상의 가치적 특성과 국가 철학의 피력 그리고 영원한 현재를 지향하는 시간성으로 분석하기 위한 단어, 구절들을 찾아보고 분석해 보고자 한다.

오바마 당선 수락 연설문에서 의 부분을 보면 '선거에 참여한 공화당원, 민주당원, 남녀노소 등 미국민들이 바로 미국의 힘입니다. 하지만 가장 먼저 감사드리고 싶은 것은 국민 여러분입니다.'에서 볼 수 있듯이 오바마 연설문은 청중통합을 지향하는 '우리'라는 단어를 핵심어로 사용하고 있음을 알 수 있다. 오바마는 '공화당원, 민주당원, 남녀노소'라는 언급을 통해 모든 국민을 한 무리로, 다 같이 '우리'로 규정하고 있다. '우리'라는 무리 속에 연사, 본인도 귀속되어 있음을 언급하면서 연사와 청중이 다르지 않다는 것을 내포하며 연설에서 소외된 청중 없이 청중들과 유대감을 형성하고 있다. 또 자신을 지지하지 않았더라도 같은 가치를 추구하고 있음을 언급하면서 '애국심'이라는 공감대를 형성하고 있다. 이에 반해 트럼프는 자신을 지지했던 사람들과 상대를 지지한 사람들을 구분하는 듯한 발언을 함으로써 모든 청중을 통합하는 힘이 약하다는 것을 보여 준다.

2 부분의 오바마 연설문에서는 청중들의 관심사를 언급함으로써 연사 본인도 청중과 함께한다는 공감대를 형성한다. 미국이 해야 할 일들을 언급함과 동시에 그 미래를 희망적으로 언급하며 청중으로 하여금 스스로 자긍심을 가질 수 있도록 유도하고 있다. 트럼프 연설에서 2 부분은 미국의 위대함과 이상만을 강조함으로써 청중들이 직면하고 있는 현실적 문제를 연사와 청중이 서로 다르게 인식하고 있다는 것을 보여 주고 이상적인 가치만을 강조하고 있어 그 호소력에 힘을 싣지 못하고 있다.

3 은 영원한 현재를 지향하는 시간성을 나타내 주고 있는 부분인데 오바마 연설에서 '오늘'이라는 말로 시작하면서 오늘이 이룬 역사적인 의미를 언급하면서 흘러가는 시간 속에서의 오늘의 역사성을 말하고 있다. 오늘을 과거·미래와 연결하여 단지 역사성만이 아닌, 여러 고난을 통해 얻은 밝고 긍정적인 미래에 대해 이야기 하고 있다. 과거의 많은 문제들이 오늘과 연결되어 있고, 새로운 정부가 출범한 오늘부터 새로운 미래를 위한 시간들이 시작되었음을 알리고 있는 것이다. 반면 트럼프 연설에서는 새롭게 출범한 정부가 앞으로 해야 할 일들만을 나열하고 국민들의 이상적 가치와 우월함만을 강조하고 있어 역사 속에서의 의미, 과거와 현재 그리고 미래에 대한 필연성을 보여 주지 못하고 있다. 그러므로 역사 속에서의 '오늘'의 의미가 약화되고 청중들로 하여금 그 역사적 의미 속에 함께하고 있다는 자긍심을 이끌어 내지 못해 청중들이 연사와 공감하기 쉽지 않아 보인다.

더 볼만한 영상

https://www.youtube.com/watch?v=_fMNIofUw21

제2장

프레젠테이션 준비

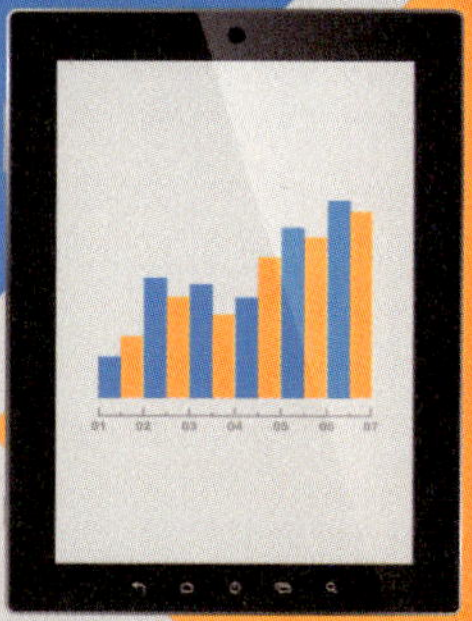

제2장
프레젠테이션 준비

"달변은 옳은 것, 아름다운 것, 가능한 것에 대해 말하지만 결과에 개의치 않는다. 수사학은 적절한 시기에 적절한 사람이나 사람들에게 설득력 있는 말을 하는 것이다."•

-데니스 도노휴-

　성공적인 프레젠테이션을 하기 위해서는 정확한 분석과 준비가 필수적이다. 정확한 분석을 통한 준비를 위해서는 우리가 무엇을 분석해야 할 것인가에 대한 대상을 정확히 아는 것이 중요하다. 이에 여기서는 프레젠테이션을 준비하는 데 있어서 사전에 알아야 할 대상으로 일반적으로 논의되는 3P(Purpose, People, Place)에 대해서 알아보고자 한다.

• 데이비드 크리스털 저, 이희수 역(2016), p34.

목적 설정(Purpose) 2.1

프레젠테이션의 목적 설정은 "프레젠테이션을 왜 하는가?" 하는 주제를 설정하는 것을 말한다. 즉, 청중이 프레젠테이션을 통해 기대하는 내용을 고려하여 주제를 설정해야 하는 것이다.

프레젠테이션의 목적 설정이 중요한 것은 우리가 무엇을 말할 것인가를 명료히 해야 그에 맞는 말하기 방법을 선택할 수 있기 때문이다. 요점이 없고 산만한 프레젠테이션이 발생하는 이유는 그 목적을 명확하게 설정하지 못했기 때문이다. 만약 목적을 명료하게 설정했다면 그에 맞는 내용을 구성하기 위해 불필요한 내용들은 제거하고 필요한 내용만을 담기 위해 노력해야 하기 때문에 이런 경우에는 요점이 없고 산만한 프레젠테이션이 발생할 확률이 적다.

이렇게 분명한 목적 설정을 하기 위해서는 첫째, 프레젠테이션을 하려는 주제 영역을 정해야 한다. 청중이 프레젠테이션을 통해 기대하는 내용을 고려하여 주제 영역을 좁게 또는 넓게 설정해야 하며, 제한 시간도 함께 고려하여 주제를 설정해야 한다. 둘째는 프레젠테이션을 하는 이유를 명확히 해야 한다. 프레젠테이션을 하는 이유가 정보 제공인지, 청중을 이해시키기 위한 것인지, 청중이 동의하도록 설득하기 위한 것인지, 청중이 행동하도록 동기 부여시키기 위한 것인지를 파악하여야 한다.•

> 금싸라기 땅에 널찍하고 세련된 자동차 경정비 수리 업체를 창업한 카센터 사장님께서 지역에 사는 고객들을 모시고 개업 잔치를 벌이며 프레젠테이션을 하게 되었습니다. 평소에 능변으로 칭찬이 자자했던 사장님은 오늘도 역시 아나운서 못지않은 유창한 언변뿐 아니라 화려하면서도 깔끔한 시각 자료를 활용해 멋지게 프레젠테이션을 했습니다. 모인 분들을 향해 쏟아 낸 주내용은 ○○카센터는 자본금이 튼튼하고 몇 개의 특허를 가지고 있으며 앞으로 국내 체인망까지 계획하는, 전도가 유망한 카센터라는 것이었습니다. 그러나 개업식 프레젠테이션의 결과는 참담했습니다. 실패한 프레젠테이션이 되고 말았습니다.
>
> 김현기 (2010: 29)

- 양혜련(2003), p 75.

위의 예는 무엇이 문제였는가? 목적 분석이 잘못된 것이다. 체인점 개설을 위한 손님이 아닌 개업 축하를 하러 온 청중에게 자신의 사업 설명회를 개최하였기에 청중은 전혀 내용에 관심을 보이지 않았을 것이고, 결국 이는 혼자만의 프레젠테이션이 되고 만 것이다.

목적 설정에 있어서 중요한 점은 앞으로 살펴볼 청중이나 장소와 밀접한 관련성을 가지고 있다. 누구에게 말할 것인가? 그리고 어디서 말할 것인가는 자신이 가지고 있는 다양한 콘텐츠 가운데 어떤 것을 드러내고, 어떤 목적을 달성할 것인가와 관련된 것이다. 위의 경우는 사교를 위한 목적을 달성해야 했지만 사업 설명을 목적으로 함으로써 목적 설정에 실패한 경우라고 할 수 있다.

2.2 청중 분석(Person)

앞에서도 살펴보았지만, 프레젠테이션의 목적을 달성하기 위해서는 철저한 청중 분석이 필요하다. 청중의 기대에 부흥하는 연설이 되어야만 화자가 목적한 바를 이룰 수 있기 때문이다. 청중 분석을 위해서는 다음의 6가지 측면의 분석이 필요하다.(김현기 2010:30)

1. 청중의 인원수, 성별, 나이, 직업, 직위, 지역 등 인구 통계학적 정보
2. 청중의 성향(자발적, 비자발적/호의적, 중립적, 배타적/적극적, 소극적 등)
3. 주제에 대한 청중의 지적 이해 수준과 경험
4. 나와 주제에 대한 청중의 관심도와 태도
5. 핵심 인물(의사 결정권자)가 누구인지, 그리고 유의할 인물이 누구인지?
6. 청중이 프레젠테이션을 통해 기대하고 원하는 것이 무엇인지?

위와 같이 주제를 결정하기 위해서는 청중 분석도 필요하지만 청중과 공감하기 위

한 청중 분석 또한 필요하다. 청중과 공감하기 위한 청중 분석에 적용할 두 가지 요소로는 청중의 성격과 지적 수준을 들 수 있다.

첫 번째로 청중을 성격에 따라 크게 사실적인(Factual) 청중, 이상적인(Visionary) 청중, 감성적인(Emotional) 청중으로 나누어 볼 수 있다.*

사실적인(Factual) 청중	이상적인(Emotional) 청중	감성적인(Visionary) 청중
• 데이터를 중요시한다. • 유려한 말이나 자료보다 딱딱하고 냉철하게 사실에 근거하여 결정을 내린다. • 성과의 향상성 및 이익에 대한 구체적 수치화가 필요하다.	• 마음의 소리를 먼저 듣고 머리로 생각한다. • 메세지 접근법이 마음에 들지 않는다면 재빨리 마음을 닫는다. • 첫인상이 나쁜 경우 이를 바꾸기란 쉽지 않다.	• 전체적인 그림을 중요시한다. • 잘 정리된 혜택 설명서 같은 자료를 선호한다. • 자세한 사례 연구나 미래의 영향성을 밝힌 자료가 필요하다. • 상세한 투자 수익률, 실행 절차에는 무관심하다.

위의 각 유형의 특징에서 보이는 것과 같이, 각 유형에 따라 청중이 중요하게 생각하는 바가 매우 다르다. 그렇기 때문에 사실적인 청중에게 감성적인 접근을 하게 되면 설득에 실패할 수밖에 없다. 또한 이상적인 청중에게 사실적인 데이터만 제공하면 최대의 효과를 거둘 수 없는 것이다. 결국 청중이 가지고 있는 성향을 이해하는 것은 화자가 제공하는 메시지를 가장 효과적으로 이해하고 공감할 수 있게 하는 것이다.

그런데 여기서 중요한 것은 한 사람에게 있어 이 성향이 하나만 나타나는 것이 아니라는 것이다. 사안에 따라서 또는 지배적으로 나타나는 유형이 있는 것이지, 대부분의 사람들에게는 이 유형들이 섞여 있다. 그리고 여러분이 프레젠테이션을 제공하는 청중은 대부분 다수일 확률이 높은데 다수의 집단에는 이러한 유형의 사람들이 섞여 있을 경우가 많다.

그럼에도 자신이 설득하거나 설명하고자 하는 청중 집단이 가지고 있는 이와 같은 특징을 파악하는 것은 어떠한 근거 자료를 활용할 것인가를 결정하는 데 있어서 매우

* 사이먼 모턴 지음 이은준 역(2015), p72.

중요한 요인이 된다.

　이러한 성격적 특성 외에도 청중의 지적 특성은 메시지를 구성하는 데에 영향을 미친다. 설득 메시지를 효과적으로 조직하기 위해 가장 큰 영향을 미치는 청자와 관련된 핵심적인 변인 중에는 주제에 대한 청자의 '기존 입장'이라는 것이 존재한다. W. Drew(2007)에서는 정치적 선택에 있어 청자의 기존 입장이 가지는 설득의 어려움과 결과에의 영향력을 인지적으로 설명하고 있는데, 이처럼 청자의 인지 상태를 이해하는 것은 화자의 설득 전략을 세우는 데 있어 중요한 영향을 미치게 된다.

　Berhm(1966)에서는 '심리적 저항 이론'에 대해 주장하는데, 모든 사람이 개인적 자유를 가지고 있지만 설득적 시도는 이를 위협하고, 사람들은 그런 자유를 다시 획득하기 위해 설득적 시도에 대해 강하게 저항하도록 동기가 부여된다고 설명하고 있다. 즉, 청자의 저항이 없도록 하고 화자의 의도를 받아들이게 하는 데 있어서 청자 분석은 중요한 요인이 된다. 만약 청자가 화자와 입장이 동일한 경우에는 반론의 내용을 제시할 필요가 없지만, 그렇지 않은 경우에는 반론을 활용하여 제시함으로써 포괄적인 설득을 필요로 한다. 반론을 제시하지 않는 일면 메시지를 구성하는 경우는 단지 청자가 화자와 입장이 같을 때뿐만 아니라 지적 수준이 낮은 청자를 설득할 때에도 효과적이다. 반면 청자의 지적 수준이 높은 경우에는 양면 메시지가 효과적인데, 이는 반론의 부분까지 언급하여 폭 넓은 검토가 되었음을 보여 줄 수 있기 때문이다. 양면 메시지의 효과에 대해 분석한 Jackson & Allen(1987)에 따르면 화자의 입장을 먼저 주장하고 반대 입장을 설명하는 방식이나 화자의 입장과 반대 입장의 상호 교차 방식이 반대 입장을 먼저 제시하고 나중에 화자의 입장을 주장하는 방식보다 더 효과적인 것으로 판명되었다.•

　또한 청자를 설득하는 데 있어서 주제가 청자의 삶에 중요한 결과를 초래할 때 청자는 그 주제에 대해 더욱 적극적으로 받아들이게 되며, 결론 역시 청자 스스로 내리도록 할 때 설득이 더욱 효과적이라고 한다.• 이러한 연구 결과들은 결국 프레젠테이션을 하는 데 있어서 청자의 상태(기존 입장, 사전 지식, 개인적 경험 등)를 아는 것이 성공의 열쇠

- 박재현(2015), pp.208-212.
- 박재현(2015), p.215.

임을 증명해 준다고 할 수 있겠다.

2.3 장소 분석(Place)

새롭고 예쁜 글씨체를 넣고, 동영상에 애니메이션 효과까지 넣는 등 다양한 방법과 노력을 기울여 만든 멋진 피피티를 가지고 발표장에 도착했는데, 컴퓨터를 사용하여 발표할 수 없다는 이야기를 들어 본 적이 있는가? 또는 컴퓨터는 있으나 내가 만든 피피티 버전과 맞지 않아서 글자체가 모두 깨져 버려 속상한 적은 없었는가? 열심히 편집해 온 동영상을 활용해서 멋진 프레젠테이션을 기획했으나 인터넷이 접속되지 않아서 동영상을 활용하지 못했던 기억은 없었는가?

이 모든 경험들은 결국 우리가 장소에 대한 조사가 부족했기 때문에 발생한다. 필자가 자주 하는 실수 중 하나가 이메일을 활용하여 자료를 보내두고 특강을 갔을 때, 외부 이메일 접속을 제한하는 관공서일 경우에는 자료 자체를 다운 받기 어려워 난감한 상황에 처하곤 한다. 이러한 실수들은 우리에게 익숙한 환경이 어느 곳에서나 통용될 것이라는 착각에서 발생하는 것이다.

청중의 유형과 수를 분석해야 하는 것처럼 장소에 대한 이해는 너무나도 중요하다. 인터넷을 활용할 수 있는 곳인지, 피피티의 버전은 무엇인지 등과 같은 기본적인 것에서부터 마이크 사용이 가능한지, 슬라이드와 컴퓨터 조작의 거리는 어떠한지 등 이러한 모든 것들을 세세하게 확인하고 대비해야 한다.

핀 마이크를 사용할 수 있을 것이라 생각하고 메모 자료와 스마트 포인터를 모두 준비해 갔는데, 핸드 마이크만 준비되어 있는 경우 이를 어떻게 활용해야 할 것인가 하고 고민할 수 있다. 스마트 포인터를 준비하지 못했는데 슬라이드와 컴퓨터의 거리가 너무 멀어서 매우 번거롭게 왔다 갔다 해야 하는 경우가 발생할 수도 있다.

이러한 모든 환경적 실수들은 사실상 내용과 무관하다고 생각할 수 있지만, 중요하지 않다고 생각한 요소가 청자가 산만하게 느끼는 요인이 되어, 발표 내용에 집중하지 못할 수 있다. 그뿐 아니라 화자의 입장에서도 자신이 준비한 것을 충분히 발휘할 수 없는 환경에 당황하게 되고, 이에 따라 최선의 발표를 하지 못한다는 결과를 낳게 된다.

그렇기 때문에 프레젠테이션을 위한 발표 환경에 대한 조사와 인지, 그리고 준비는 성공적인 프레젠테이션을 위해 무엇보다 중요하다.

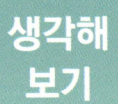

생각해 보기

다음은 1분 자기소개 원고입니다.
이 원고가 가진 장점과 단점이 무엇인지 생각해 봅시다.

안녕하십니까? 나자신입니다.
저는 누구를 만나더라도 친구가 될 수 있는 친화력과 소통력이 제 장점이라고 생각합니다. 저는 인문학 전공자로서, 흔히 인문학 전공자들이 자신의 주장이 강하다고 하지만 저는 다른 사람들의 의견을 듣기 위해 노력합니다.
그 원동력은 '내가 항상 맞다' 라는 마인드가 아니라 사람들과 함께 문제를 해결하고자 하는 마인드가 있었기에 다른 사람들의 얘기를 들을 수 있었고, 이에 대한 저의 주장을 보다 신뢰성 있게 전달할 수 있었습니다. 저는 이러한 강점이 있기 때문에 입사 후에도 고객들과 잘 소통할 수 있을 것이라 생각합니다. 감사합니다.

안녕하십니까? 지원자 짠돌이 왕소금입니다.
저는 어학연수 시절 외국에서 차를 구매하면서 돈을 절약한 경험이 있습니다. 외국에서 유학생이 차를 구매할 때에는 현지 사정을 잘 모르기 때문에 비싼 값에 나쁜 차를 사게 되는 경우가 많습니다. 하지만 저는 현지 사정을 잘 이해하기 위하여 주변 상인들, 현지 친구들과 친분을 쌓아 현지 거래 가격 및 정보들을 알아낼 수 있었습니다.
이를 통해 저는 좋은 차를 다른 유학생들보다 50% 저렴하게 구할 수 있었습니다.
MD의 핵심은 소비자에 대한 이해와 가격 경쟁력 확보입니다. 저는 정보력을 장점을 활용하여 소비자의 요구와 가격 경쟁력을 확보하는, 경쟁력 있는 짠돌이가 되겠습니다.

"무엇을 도와드릴까요?"
안녕하십니까? 보상팀 지원자 박보험입니다.
아마도 무거운 짐을 들고 가시는 할머니 할아버지를 보았을 때, 어렵게 유모차를 끌고 아이를 안고 가는 분을 보았을 때, 길을 몰라 어리둥절한 사람을 보았을 때, 사람들이 무심코 지나간다고 생각하지만 그들은 속으로 "무엇을 도와드릴까요?"를 외치고 있을지도 모릅니다.
단지 밖으로 내어 말하기 어색해서, 또는 여러 사정으로 인해 말하지 못하는 것이 아닐까 생각합니다. 그래서 저는 대학생이 되고 난 후부터는 이 말이 생각날 때에는 주저 없이 다가가 말해야겠다고 다짐하고 실천해 왔습니다. 그들이 그 순간 가장 듣고 싶은 말일 것이라고 생각했기 때문입니다.
사고가 난 현장에 가장 먼저 가서 만나는 보상팀원은 어느 순간에도 타인의 어려움을 외면하지 않는 사람입니다.
"무엇을 도와드릴까요?" ○○회사의 고객을 위하여 더 진실하게 말하고 싶습니다.

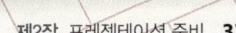

1분 자기소개 스피치 원고 작성 방법

1분 자기소개는 스피치 가운데 가장 어려운 유형이라고 할 수 있다. 가장 짧은 시간에 자신에 대한 긍정적이고 명료한 인상을 남겨야 하기 때문이다.

1분 자기소개 스피치를 하는 데 있어 가장 중요한 것은 이 소개를 듣고 청중에게 자신의 인상을 명확히 남겨야 한다는 것이다. 이를 위해서 가장 많이 사용하는 방법은 은유를 활용하여 "나는 (저는) OO입니다."로 말하는 것이다. 이 방법을 사용할 때에는 지금 소개하는 목적에 가장 부합한 키워드이면서 자신의 특성을 잘 설명할 수 있는 키워드를 선정하는 것이 중요하다. 그만큼 키워드를 선정하기 위하여 가장 많은 시간을 써야 한다. 그러나 키워드를 잘 선정했다고 하더라도 키워드를 상황에 적절하게 풀어내지 못하면 성공적인 스피치가 되기 어렵다. 이와 관련하여 다음의 5가지 방법은 인상적인 자기소개 스피치가 되기 위하여 원고를 어떻게 구성하면 좋은가에 대하여 제시하고 있다.

1) 자신을 잘 설명할 수 있는 인상적인 키워드를 선정하라.

2) 키워드를 설명할 수 있는 관련된 에피소드를 활용하라.

3) 마지막에 키워드로 수렴하는 문장으로 마무리함으로써 키워드가 강조되도록 하라.

4) 자신을 드러내는 키워드를 사용할 때 긍정적인 어휘를 사용하라.

5) 키워드를 활용하지 않더라도 이미지를 남길 수 있는 인상적인 문장을 활용하고, 그 문장을 풀어가는 내용이 자신의 신념이나 에피소드 등과 연결될 수 있도록 하라.

이상의 방법을 적용하여 위의 1분 자기소개 스피치들을 분석해 보자.

첫 번째 예시의 경우는 자신의 장점을 구체적이지 않은 일반적 키워드인 소통, 친화력으로만 설명하였고, 구체적 에피소드가 없기 때문에 자신을 청중에게 각인시키지 못한 밋밋한 스피치가 되었다.

두 번째 예시의 경우는 구체적인 키워드를 제시하였고, 그에 대한 자신만의 에피소드도 함께 제시했지만, "짠돌이"라는 부정어를 키워드로 내세움으로써 자신에 대한 부정적 이미지를 청자에게 준 결과가 되었다.

세 번째 예시는 키워드를 활용하지 않고 자신의 직무와 관련된 성품을 드러낼 문장으로 시작하고 있다. 그에 대한 자신의 에피소드는 약하지만, 자신이 제시한 문장이 가진 의미를 설명하면서 자신이 지원한 직무에 대한 이해를 드러내고 있다. 또한 마지막에 다시 한 번 그 문장을 이야기함으로써 강조의 효과를 내고 있다.

결국 자기소개는 청중에게 그들이 궁금해하는 바를 자신이 잘 알고 있음을 드러내는 것이다. (면접의 경우는 직무에 대한 이해, 회사에 대한 이해 등이 이에 해당한다.) 그리고 그 이해를 드러내는 과정을 통해 자신의 명료한 이미지를 각인시키는 작업까지 해야 한다. 1분이라는 짧은 시간 동안 이러한 목표를 압축적으로 이뤄야 하기 때문에 자기소개 스피치가 더욱 어려운 것이다. 짧지만 길게 고민하게끔 하는 1분 자기소개 스피치를 잘 하고자 한다면, 자신에 대한 깊은 고민뿐만 아니라 청중에 대한 넓은 이해를 위해 노력해야 할 것이다.

제3장

프레젠테이션 구성
도입부터 마무리까지

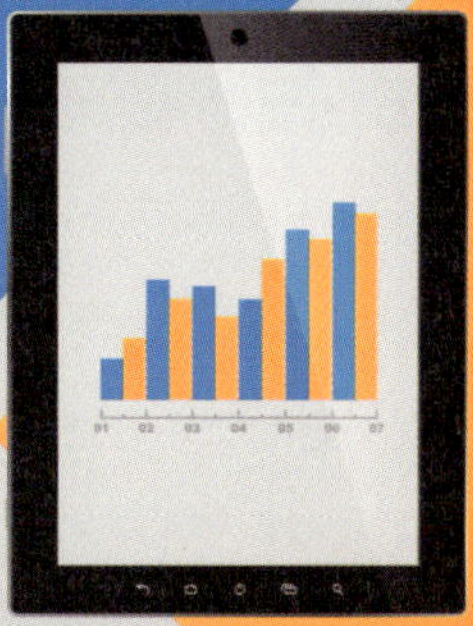

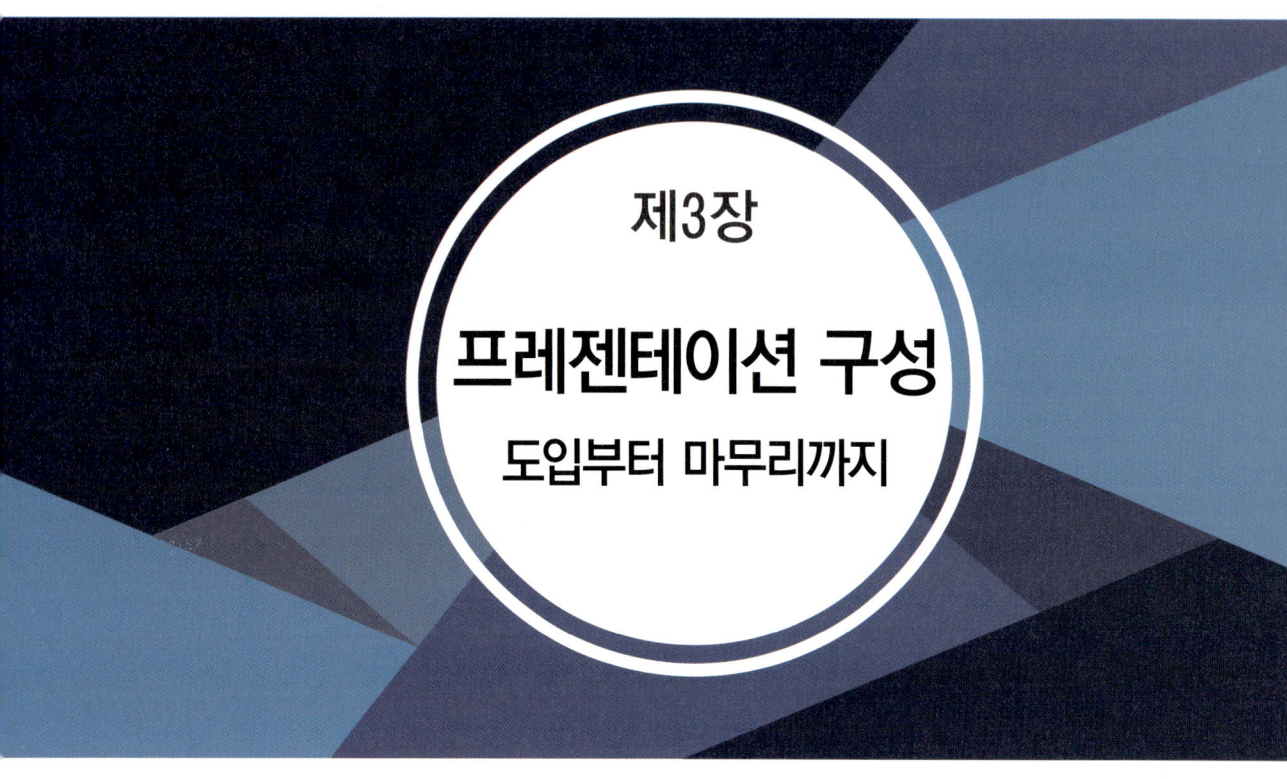

제3장
프레젠테이션 구성
도입부터 마무리까지

"연사가 처음에 청중을 사로잡지 못하면 그의 노력은 모두 무의로 끝날 것이다."●

-변호사 클래런스 대로우-

3.1 도입

　　스피치의 도입은 누군가를 처음 만났을 때 상대에게 느끼는 첫인상과 같다. 시작이 매끄럽지 않고 흥미롭지도 않으면 이후에 본격적으로 내용을 전개하는 과정도 순탄치 못할 것이다. 어떻게 시작하느냐의 문제는 스피치의 전반을 좌우할 수 있는 문제이기 때문에 성공적인 스피치를 위해서는 도입부를 준비하는 과정에서 가장 큰 노력을 기울여야 한다. 특히 무대 공포증이 심한 경우나 초반에 특히 긴장을 많이 하는 편이라면 다른 부분은 몰라도 도입만큼은 완벽하게 준비해 놓아야 한다.

● 데이비드 크리스털 저, 이희수 역(2016, p34.)

좋은 도입이 되려면 반드시 청중의 관심과 흥미를 유발할 수 있어야 한다. 가장 무난한 방법으로는 충격적이거나 흥미로운 이야기로 시작하기, 시각 자료 제시하기, 질문 던지기 등이 있다. 다음 예시는 충격적이고 놀라운 이야기로 시작한 스피치이다.

> **사례 1**
>
> 12월 10일 아침, 전 제 뇌가 제 의지대로 작동되지 않는다는 것을 알게 되었죠. 좌뇌 쪽 혈관이 터져 버린 겁니다.
>
> – Jill Bolte Taylor의 프레젠테이션 중에서•
>
> **사례 2**
>
> 안타깝게도, 제가 얘기하고 있는 이 18분 동안 4명의 살아 있는 미국인이 자신이 먹은 음식 때문에 죽음을 맞이하게 될 것입니다.
>
> – Jamie Oliver의 프레젠테이션 중에서•

도입은 네 가지의 목적을 가진다. 첫째는 청중의 관심과 흥미를 유도하는 것이다. 청중의 관심을 이끄는 방법으로는 다음과 같은 방법들을 활용할 수 있다.

1) 주제와 청중을 연결시킨다.

대부분의 사람들은 자기 자신에게 직접적으로 영향을 미칠 수 있는 것에 더욱 주의를 기울이게 마련이다. 즉 스피치에서 연사가 주제와 청중을 가깝게 연결하면 연결할수록 청중이 느끼는 흥미가 더욱 커질 것이다. 주제뿐만 아니라 스피치에서 흥미를 유발하고자 할 때에도 이를 청중과 직접적으로 연결시키는 방법이 효과적이다.

- https://www.youtube.com/watch?v=QTrJqmKoveU
- https://www.youtube.com/watch?v=zNZzJKDKH8I

2) 주제의 중요성에 대해 강조한다.

보통 자신의 스피치가 중요하다고 생각하는데, 사실상 청중이 그 스피치를 중요하게 여기느냐가 더욱 중요한 문제이다. 청중이 주제를 중요하게 생각하고, 스피치를 통해 얻어 갈 것이 있다고 생각해야 스피치에 집중하기 때문이다. 따라서 연사는 청중들에게도 왜 자신의 스피치가 중요한지에 대해 충분히 설명해 주어야 한다. 주제의 중요성, 문제의 심각성을 강조하기 위한 방법으로는 충격적이거나 새로운 통계 자료를 제시하는 방법이 있다.

3) 청중을 놀라게 한다.

청중의 시선을 사로잡을 수 있는 놀라운 표현을 사용할 경우, 단시간 안에 청중의 흥미를 유발할 수 있다. 여기서 주의할 점은 놀라운 표현이 스피치의 주제와 밀접한 관련이 있어야 한다는 것이다. 관련성의 정도가 적은 표현일 경우, 오히려 역효과를 일으킬 수 있다.

4) 청중의 호기심을 자극한다.

주제에 대한 청중의 호기심을 천천히 자극하면 어느새 청중을 스피치 안으로 끌어들일 수 있다. 청중의 호기심을 자극하기 위해서도 주제와 청중을 직접적으로 연결시키는 방법이 좋다.

5) 청중에게 질문을 던진다.

도입에서 청중에게 주제와 관련된 질문을 던지는 방식은 가장 무난한 흥미 유발 방식이다. 청중이 머뭇거림 없이 금방 큰 소리로 대답할 수 있는 질문도 괜찮지만 주제에 대해 조금 더 생각하게 만드는 수사학적인 질문도 좋다. 그러나 어느 경우든지 반드시 질문은 주제와 관련이 있고, 청중에게 의미가 있는 것이어야 한다.

6) 인용문으로 시작한다.

스피치의 도입에서 문구를 인용하는 것도 일반적인 방법이다. 이때 인용문은 길이가 긴 것보다는 짧은 것이 좋다. 긴 인용문을 볼 경우, 청중들은 이를 금방 이해하지 못하고, 또 지루해할 수도 있기 때문이다. 긴 인용문보다 짧고 명쾌한 인용문이 더 강력한 메시지를 전달할 수 있다. 예를 들어 유명한 교육자나 철학자, 작가, 정치인의 명언이나 시 구절, 노래 구절, 영화 대사 등이 활용 가능하다.

7) 이야기를 들려준다.

본능적으로 인간은 다른 사람에게 이야기하거나 다른 사람으로부터 재미있는 이야기를 듣는 것을 좋아한다. 당연히 평범한 이야기보다는 자극적이고 극적인 이야기에 더욱 호기심을 가진다. 도입에서 이야기를 활용하려면 무엇보다 이야기가 주제와 직접적이고 분명하게 관련되어야 한다. 그리고 다른 사람이 아닌 자신이 직접 경험한 이야기일 경우 한층 효과적으로 청중의 관심을 끌 수 있다.

다음으로 도입의 목적은 스피치의 주제를 밝히는 것이다. 도입에서는 반드시 주제를 분명하게 밝혀야 한다. 그렇지 않으면 청중이 정확한 주제와 방향을 몰라서 혼란스러워할 뿐만 아니라 스피치 안으로 청중을 끌어들일 수 없다. 만약 청중이 주제를 알고 있더라도 도입에서는 한 번 더 주제에 대해 명확하게 안내해 줄 필요가 있다.

또한 도입에서는 신뢰성과 호의를 구축해야 한다. 신뢰성은 연사가 주어진 특정 주제에 대해 말할 자격이 있느냐 없느냐의 문제이다. 또한 청중에게도 그 주제에 대해 이야기할 자격이 있는 사람인지 아닌지 인식되는 문제이기도 하다. 따라서 청중은 연사가 주제에 대해 많은 정보를 가지고 있고 제대로 알고 있다고 생각할 때, 스피치에 더 흥미를 갖게 된다.

호의 또는 호감은 연사가 청중의 이익을 염두에 두고 있음을 느낄 때 청중에게 발생되는 감정이다. 따라서 연사는 형성된 자신의 이미지가 호의적일 경우 청중이 반감을 갖지 않도록 주의해야 한다.

끝으로 도입에서는 스피치의 본론을 미리 안내하도록 한다. 도입에서 앞으로 청중이 어떤 내용을 듣게 될지에 대해 미리 말해 주기도 하는데, 이것은 청중의 이해를 돕는 방법 중 하나다. 연사는 스피치의 개략적인 내용, 핵심 아이디어들을 간단히 안내하는 것이 좋다. 이러한 행위는 청중의 이해를 돕기 위한 것이기도 하고, 곧 본론(전개)이 시작됨을 알려 주는 것이기도 하다. 더불어 도입에서 청중이 스피치를 잘 이해할 수 있도록 전문적인 정보, 배경지식, 중요한 용어 등을 설명하기도 한다.

흥미로운 내용으로 도입 내용을 준비하였더라도 어떻게 말하느냐에 따라 그 효과는 매우 달라질 수 있다. 그러므로 스피치를 어떻게 시작하느냐는 매우 중요하다. 도입은 본론이나 마무리보다 신경을 더 많이 써서 준비해야 한다. 도입을 준비하기 위해서는 다음과 같은 요령이 필요하다.

1) 도입은 되도록 짧게 한다.

도입과 마무리의 길이는 짧은 것이 좋다. 그 중에서 도입은 전체 스피치에서 10~20% 정도의 비중을 차지하는 것이 적당하다.

2) 스피치를 준비하면서 도입에서 사용할 만한 자료를 찾아 메모해 놓는다.

도입에서 사용하기 좋은 자료를 찾는 것은 스피치 준비의 전 과정에서 이루어져야 한다. 중간중간 도입에서 쓸 만한 내용이 있으면 따로 다른 곳에 정리해 놓고, 후에 가장 적합한 내용을 도입에 사용하면 된다.

3) 도입을 여러 개 만들어 보고, 그 중에서 가장 흥미를 끌 만한 것을 선택한다.

도입은 스피치의 그 어느 부분보다도 중요하다. 한 번에 마음에 드는 도입을 만들어 내는 것은 아주 어려운 일이다. 따라서 도입을 여러 개 만들어 보거나 앞서 언급한 것처럼 도입에서 사용할 만한 자료를 여러 개 정리해 놓은 다음, 최후에 그 중에서 가장 흥미로운 도입을 선택하도록 한다.

4) 본론을 완전히 준비할 때까지는 도입에서 구체적으로 할 말에 대해 걱정하지 않는다.

스피치를 준비하는 과정에서 도입의 완성은 여러 번의 고민과 선택을 통해서 이루어질 수 있다. 특히 본론을 준비하면서 도입은 바뀔 수 있는 부분이기 때문에 본론이 완성된 후에 온전하고 상세한 도입을 만들도록 한다.

5) 도입을 꼼꼼하게 준비한다.

도입에서 사용할 단어를 모두 적어 놓거나 대략적인 틀만 준비해 놓는 등 어떤 방식을 사용해도 상관은 없다. 하지만 실제 스피치에서 준비한 도입을 최소한으로 참고하고, 청중과 적극적으로 호흡하며 말할 수 있도록 사전에 충분히 연습하고 숙지해야 한다.

3.2 마무리

> "시작의 기술은 위대하지만 끝냄의 기술은 더욱 위대하다."
>
> −Henry Wadsworth Longfellow−

스피치에서 마무리는 도입만큼 중요한 부분이다. 스피치의 핵심 아이디어는 본론에 담겨 있지만 그것을 잘 이해하게 하기 위해 스피치의 처음부터 끝까지 청중의 관심을 사로잡는 도입과 마무리가 큰 역할을 하는 것이다. 도입에서 청중의 관심을 잘 끌었고, 본론에서도 논지를 잘 펼쳤으나, 마무리가 미약해서 아쉬움이 남는 스피치가 더러 있다. 마지막까지 완벽한 스피치를 하려면 마무리 역시 서론만큼이나 꼼꼼하게 준비해 두어야 한다.

스피치에서 마무리의 기능은 크게 두 가지로 나눌 수 있다. 마무리의 첫 번째 기능은 청중에게 스피치가 끝난다는 사실을 알리는 것이다. 이 경우 '결론적으로', '지금까지 제 목적은', '이렇게 끝내고 싶습니다' 등의 단서를 사용하기도 한다. 하지만 이때까지 청중의 관심과 참여를 점진적으로 쌓아 온 경우에는 굳이 이런 단서를 사용하지 않아도 된다. 대신에 목소리, 어조, 속도, 억양 등으로 정점에 이르고, 스피치가 언제 끝날지를 확실히 보여 주는 방법 또한 가능하다.

마무리의 두 번째 기능은 청중에게 스피치의 핵심 아이디어를 이해해달라고 하거나 진심을 받아들여 달라고 강조하는 것이다. 이를 위해서는 다음과 같은 방법을 사용하면 좋다.

1) 스피치 내용을 요약한다.

마무리에서 본론의 주요 논점들을 정리해 주는 방법이 가장 일반적인 방법이다. 이 방법은 스피치 내용을 끝나기 전에 한 번 더 명료하게 해 준다는 점에서 매력적이라고 할 수 있다.

2) 인용문으로 끝낸다.

인용문으로 끝내는 방법은 핵심 내용을 마지막으로 다시 한 번 강조하면서도 감동과 여운을 주기에 가장 효과적인 방법이다. 고사성어, 문학 작품의 구절, 유머 등 주제를 빛낼 수 있는 한두 마디의 멋진 표현을 인용하면 지금까지 논의했던 것들이 더 큰 의미를 갖도록 만들 수 있다.

3) 드라마틱한 선언을 한다.

마무리에서 극적인 반전을 노리는 방법도 가능하다. 자신만의 드라마틱한 선언을 통해서 강력한 에너지를 보여 줄 수 있다.

> 제 친구는 이제 학교로 돌아와서 전에는 하지 않았던 일들을 하면서 즐겁게 살고 있습니다. 그 친구는 살아가기 위해 계속 싸우고, 자살을 하지 않아서 결국에는 더 행복해졌다고 말할 수 있어 저는 행복하고 자랑스럽습니다. 그렇지 않았다면 여러분을 도우려고 제가 이 자리에 서는 일은 없었을 겁니다. 제가 지금까지 말씀드린 제 '친구'는 제 자신입니다. 저는 제가 어려움을 이겨 냈다는 사실이 정말 기쁩니다.
>
> 김주환 역(2012) 『스피치의 정석』 중에서

4) 도입에 나온 내용을 다시 언급한다.

도입에 나온 내용을 마무리에서 다시 언급하는 것은 스피치에 통일성을 부여할 수 있는 아주 좋은 방법이다. 예컨대 "서론에서 제가 두 가지 질문에 대한 답을 찾는다고 말씀드렸는데 이제 그 답을 요약해 보면……"과 같은 표현을 사용하면 도입에서부터 마무리에 이르기까지 일관되게 하나의 주제로 이야기하는 것임을 분명히 드러낼 수 있다.

마무리를 준비할 때에는 다음과 같은 요령을 활용하면 좋다.

1) 스피치 내용을 준비하는 과정에서 마무리에 사용할 자료를 찾는다.

도입을 만들 때와 마찬가지로, 마무리를 만드는 과정은 스피치를 준비하는 전 과정에서 이루어져야 한다. 마무리에 사용하기 좋은 자료를 수집해 놓고, 최종적으로 가장 적합한 자료를 활용하여 마무리를 완성하도록 한다.

2) 청중의 마음을 울릴 수 있는 마무리를 만들어 강하게 끝맺는다.

스피치가 끝난 후에도 스피치의 내용이 청중의 마음 속에 남아 있고, 연사가 원하는 방향으로 청중의 행위를 일으키게 만들려면 강력한 마무리가 필요하다. 청중에게 감동적인 여운을 남길 수 있도록 마무리를 만들 때에는 깊이 고민해야 한다.

3) 마무리는 되도록 짧게 한다.

마무리 또한 도입처럼 짧아야 한다. 짧고 굵은 마무리가 훨씬 더 강렬한 인상을 남길 수 있으므로, 마무리는 전체 스피치의 5~10% 정도가 좋다.

4) 마무리도 철저하게 준비하고 충분히 연습한다.

완벽한 마무리가 되려면 실수하지 않아야 하고 부자연스러움이 없어야 한다. 그러기 위해서는 마무리 역시 사전에 충분히 연습하고 내용을 완벽하게 숙지하도록 한다.

3.3 은유를 활용한 스피치 내용 구성

"은유는 우리에게 세계를 보는 새로운 눈을 제공한다.
은유를 통해 개념과 사고가 재배열되고, 우리가 경험하는 세계가 바뀐다."
-명법 스님 (『은유와 마음』 저자)-

1) 은유를 활용한 스피치 내용 구성 원리

스피치는 시작부터 마무리까지 청중의 관심을 유도하고, 그것을 끝까지 끌고 가야 한다는 점에서 주제의 표현 방식과 내용의 배치 등이 일반적인 글과는 다르게 이루어진다. 은유를 스피치 내용 구성에 활용하면 이러한 스피치의 특성을 효과적으로 활용하는 데 도움이 된다.

은유의 기본 형식 〈A는 B이다〉는 글의 주제와 큰 방향, 제목, 세부 내용의 전개 등 스피치의 전반에 활용될 수 있다. 먼저 주제인 A를 정하고, A를 잘 표현할 수 있는 다른 개념 B를 정해야 한다. 예를 들어 '사랑'이라는 주제에는 기쁨, 설렘, 행복, 따뜻함 등의 긍정적인 이미지와 아픔, 슬픔, 방황, 차가움 등의 부정적인 이미지가 존재한다. 그런데 각자의 경험에 따라 사랑에 대해 주가 되는 이미지는 다르다.

만약 연애를 통해 상처를 받은 적이 많고, 지금도 진정한 사랑이 무엇인지, 건강하게 사랑하는 방법이 무엇인지에 대해 잘 모를 경우, 사랑이라는 대상은 애매함을 가진 것일 수 있다. 이러한 경우 '사랑은 미로다'와 같은 은유가 사랑에 대한 자신의 생각을 드러내는 데 적절하다. '사랑'이라는 개념과 '미로'라는 개념은 사실 여러 유사성을 가지고 있다. 이들이 가진 다양한 속성 중에서 유사성을 기준으로 구조적으로 대응시키면 다음과 같다.

은유 〈사랑은 미로다〉

'사랑'과 '미로'의 구조적 유사성

- 시작이 있다. 사랑은 연애 초기에, 미로는 입구에서, 좋은 결과를 위해 기대하는 설레는 시작이 있다.

- 목표하는 바가 존재한다. 사랑은 상대와의 진정한 사랑이, 미로는 출구가 목표가 될 것이다.

- 목표에 도달하기까지 그 경로(과정)를 미리 알 수 없다. 사랑은 진정한 사랑, 마지막 사랑으로 가기 전에 사랑이 식어버리거나 일방적으로 실연당할 수 있다. 미로도 목적지까지 가는 도중에 길을 잃기도 하고, 아예 길을 못 찾고 실패할 수도 있다.

- 최종 목표에 도달했을 때 큰 만족감, 성취감, 편안함을 느낄 수 있다. 진정한 사랑에 도달하면 큰 행복을, 미로의 출구를 찾으면 성취감을 느낀다.

- 하지만 목표에 도달하는 과정은 인내와 긴 시간이 필요하다.

'그토록 다짐을 하건만 사랑은 알 수 없어요'로 시작해서 '끝도 시작도 없이 아득한 사랑의 미로여'로 끝나는 대중가요 「사랑의 미로」는 당시 큰 인기가 있었다. 사랑의 어려움, 모호함을 '미로'가 가진 속성과 연결해서 표현하고, 제목까지 '사랑의 미로'가 된 이 노래는 비슷한 사랑을 경험한 많은 대중들의 공감을 샀다. 아마도 작사가는 주제를 효과적으로 표현하기 위해 '사랑은 미로다'라는 은유를 노래의 전체적인 콘셉트로 잡고, 이러한 방향이 노래의 제목과 가사의 곳곳에 잘 배치되도록 노력했을 것이다.

이처럼 스피치의 내용을 구성할 때 주제에 대한 은유를 정하고, 은유적 표현을 내용의 전체와 부분에서 일관성 있게 사용하면 한층 더 설득력 있고 감동을 주는 스피치가 될 수 있을 것이다.

2) 은유를 활용한 내용 구성 방법

(1) 인상적인 문구 사용하기

뉴스 프로그램 'JTBC 뉴스룸'에서는 1부가 끝나고 2부가 시작될 때 〈앵커 브리핑〉이라는 코너를 진행한다. 약 3분 동안 그날 뉴스에서 핵심이 되는 사안, 또는 함께 깊이 생각해 보면 좋을 문제들에 대해 이야기한다. 그리고 커다란 스크린을 통하여 진행자가 전달하고자 하는 메시지가 어떤 인상적인 문구와 함께 제시된다. 특히 도입부에서 이러한 문구를 사용하는 경향이 있는데, 이때 기존 형태 그대로를 사용하기도 하고, 주제에 맞춰 변형을 하기도 한다.

2016년 7월 11일 앵커 브리핑에서는 도입부에 '개와 늑대의 시간'이라는 문구를 화면에 크게 담았다. 주제가 무엇일지 시청자의 호기심을 유발하는 동시에, '개'와 '늑대'라는 단어에서 풍기는 이미지가 도입을 더욱 강렬하게 만들었다. 그러고 나서 진행자에 의해 '개와 늑대의 시간'이라는 문구에 담긴 의미가 서서히 밝혀지고, 앵커 브리핑의 핵심 메시지가 드러났다.

프랑스에서는 사물이 뚜렷하게 보이지 않는 그 순간을 '개와 늑대의 시간'이라고 한다. 진행자는 교육부 고위 공무원이 민중을 개, 돼지로 일컬어 사회적으로 큰 문제가 된 사건을 다루기 위해 도입부에서 이러한 문구를 제시한 것이다. 그리고 수십 년간의 차별과 부조리가 난무하던 '개와 늑대의 시간' 같은 날들이 지나, 혜안을 가지고 성숙하게 행동하는 오늘날 우리의 모습을 통하여 그 공무원의 언행이 큰 문제가 된다는 핵심 메시지를 전달하였다.

다른 예로, 2016년 4월 19일 앵커 브리핑에서는 도입부에서 화면에 "인생은 생각할수록 아름답고, 역사는 앞으로 발전한다."는 문장을 보여 줬다. 이것은 김대중 대통령이 파란만장했던 일생을 되돌아보며 마지막으로 남긴 일기장의 문구였다. 20대 국회의원 총선에서 여당을 누르고 극적으로 승리한 야당이 서로 품격 없는 비난에만 급급한 모습을 비판하기 위해 그와 상반된 태도를 보인 김대중 대통령의 일기장 문구를 인용한 것이다. 더불어 16대 총선에서 여소야대의 사태를 맞게 된 자민련이 한나라당에게

축하를 보내며 패배 결과를 겸허히 받아들이는 김대중 대통령의 대국민특별담화 일부를 언급하면서 요즘 정당이 보여 주고 있는 안 좋은 모습을 꼬집었다.

(2) 강렬한 이미지 제시하기

스피치의 주제를 강조하기 위해서는 이를 더 강렬하게 표현해 줄 수 있는 이미지를 활용하기도 한다. 다음은 2016년 3월 7일 앵커 브리핑의 스크립트이다. 공천을 앞둔 정치권의 한심한 모습을 꼬집고, 우리는 유권자로서 이러한 현실을 바로 보아야 한다는 메시지를 담고 있다. 이날 앵커 브리핑의 도입부에서는 충격적인 사진을 사용하였다. 거꾸로 된 유명 팝 가수 아델의 사진을 제시했는데, 이는 시청자의 시선을 한 번에 사로잡을 만한 자극적인 사진이었다. 사진을 거꾸로 보여 준 이유에 대해서는 본론에서 논지를 전개하는 과정에서 서서히 밝혀졌고, 똑바로 된 사진은 마지막에 공개하며 청중의 호기심을 잡아 두었다.

[앵커 브리핑] 2016년 3월 7일

아델의 '거꾸로' 사진 / 우리가 정치혐오에 빠지지 않으려면…

뉴스룸 앵커 브리핑을 시작합니다.

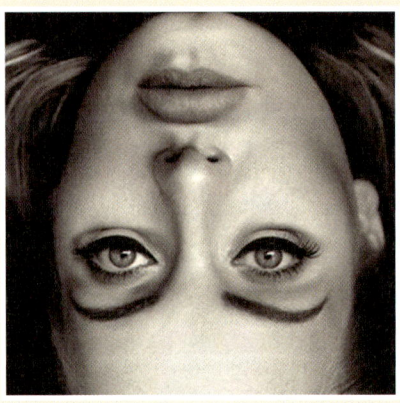

영국의 팝 가수 아델의 사진입니다. 한 네티즌이 올렸다는 이 사진은 거꾸로 되어 있습니다. 그러나 단지 뒤집혔을 뿐인 것만 같은 이 사진엔 비밀이 숨겨져 있습니다. 그 때문에 큰 화제가 되기도 했습니다. 비밀은 잠시 뒤에 알려 드리지요.

"운명의 열흘" 총선 공천을 앞두고 여야 3당이 각자의 셈법에 분주합니다. 가히 전쟁이라 불리는, 본선보다 더 치열한 예선… 각 당은 이번에야말로 믿을 만한 후보를 채워 넣겠다… 고 호언하고 있습니다. 모두가 이 사람이 인재라 하고 심지어는 상대방 후보를 떨어뜨릴 것이라고, 킬러라고 이름 붙이기도 합니다. 반면 시민단체의 공천 부적격자 명단 발표는 선거관리위원회에 의해 제동이 걸렸습니다. "낙천낙선 운동에 대한 가이드라인"도 제시했다고 하니… 시민 참여를 허용하고 지원하기보다 위축과 규제에 방점을 찍은 건 아닌지 우려도 나오고 있습니다.

사실 선거 때마다 드는 의문이 하나 있습니다. 정치권이 잡고 있는 공천의 '기준점'은 어디인가? 지난 선거의 역사에서 각 정당들이 주장해 온 것은 늘 같았습니다. 민의가 반영된… 아래로부터의… 개혁을 실천할… 그러나 과연 그 공천 리그는 우리들의 리그인가 아니면 그들만의 리그인가?

우리 정치권은 개혁을 명분으로 내건 치열한 공천 다툼이 결국엔 대중적 관심을 끌어오는 데에 매우 유리하다는 것을, 그래서 그것이 결국 표로 연결된다는 것을 본능적으로, 혹은 경험을 통해 알고 있는 듯합니다. 그러나… 치열한 공천 싸움에 가려진 것, 바로 착시 현상입니다.

앞서 보여 드린 팝 가수 아델의 사진을 다시 보여 드립니다.

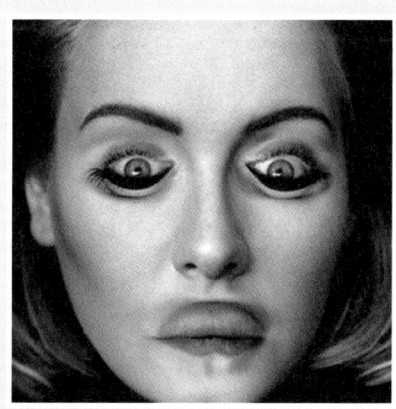

거꾸로 된 이 사진을 정면으로 돌려보면… 거꾸로 된 입술, 뒤바뀐 쌍꺼풀, 무어라 형용하기 어려운 기묘한 얼굴이 등장합니다. 거꾸로 봤을 때 몰랐던 것은 인간의 뇌에도 허점이 있기 때문이라고 합니다.

이제 남은 공천 싸움 십여 일. 우리 유권자들이 눈여겨봐야 할 것은 무엇인가… 제대로 된 후보자를 고르는 팁을 엉뚱하게도 한 팝 가수의 거꾸로 된 사진이 알려 주고 있는 셈입니다.

오늘의 앵커 브리핑이었습니다.

〈출처=JTBC 뉴스룸 앵커 브리핑 중〉

(3) 고사성어 활용하기

스피치에서 주제를 강조하기 위해 고사성어나 명언을 사용할 수도 있다. 이 방법은 가장 전형적인 방법인 반면, 효과가 매우 크기 때문에 고사성어나 명언을 제대로 잘 선택하고 활용한다면 주제를 보다 명확하고 여운 있게 표현하는데 도움이 된다.

옛 중국 고사성어에는 염일방일이라는 말이 있습니다. 송나라 때의 철학자 사마광의 어린 시절에 있었던 일에서부터 전해진 것인데요. 그 고사성어는 이렇습니다.

어느 날 숨바꼭질을 하던 중, 어린아이 한 명이 큰 물독에 빠져 허우적거리고 있었습니다. 주변의 어른들은 이 아이를 구출하기 위해서 사다리와 밧줄을 가져오며 난리법석을 떨었지만 여의치가 않아 다급한 상황이었습니다. 이를 지켜보던 어린 시절의 사마광은 옆에 있던 돌을 들어 그 커다란 물독을 깨뜨리고 아이를 구했습니다. 고귀한 생명을 구하기 위해서는 물독쯤은 깨 버려도 된다는 생각을 한 것이지요.

염일방일의 뜻은 '하나를 얻기 위해서는 하나를 잃을 줄 알아야 한다는 것'입니다.

마찬가지로 원숭이를 잡기 위해서 필요한 것은 그저 원숭이가 좋아하는 과일을 넣은 작은 창살입니다. 그것을 잡으려고 창살 사이에 팔을 집어넣은 원숭이는 과일을 놓기 전에는 팔을 빼낼 수가 없게 되는 것이죠.

사드는 고공원역 방위 미사일입니다. 적의 중거리 미사일을 공중에서 격추시키는 방어 시스템이지요. 사드 자체에는 탄두가 탑재되어 있지 않고, 순전히 운동량의 충격으로 적의 미사일을 요격하는 것이기 때문에 폭발의 위험을 최소화할 수 있습니다. 때문에 핵미사일을 요격할 수 있는 것이지요. 북한의 끊임없는 핵 도발이 만연한 요즈음에 사드는 분명 장점이 돋보이는 방어체계가 될 수 있을 것입니다.

하지만 그에 못지않은 단점들도 보입니다. 레이더에서 나오는 유해한 전자파뿐만 아니라 이 무기를 사용하기 위해 드는 막대한 비용이 바로 그것입니다. 하지만 무엇보다 치명적인 것은 중국의 보복입니다. 사드 배치로 인해 미국이 중국과 러시아를 감시할 수 있게 되면서, 중국에서는 한국의 사드 배치를 반대하는 움직임이 활발하게 보이고 있습니다. 중국인 관광객은 더 이상 한국을 찾지 않고, 베이징 영화제에서는 아예 한국 영화 상영을 막고 있습니다. 중국에 진출해 있는 한국 중소기업들도 직접적인 피해를 겪고 있습니다. 심지어는 태극기를 훼손하는 반한 감정도 일반인들 사이에서 심상찮게 보이고 있습니다.

이렇게 어려운 상황에 직면해 있는 가운데 우리는 선택을 해야만 합니다. 국가 안보와 경제, 즉 생명과 돈을 말입니다. 둘 다 얻는다는 것은 사실상 불가능해 보입니다. 튼튼한 국가 안보를 얻는 동시에 중국의 막대한 경제력을 포기해야 하는지, 안정된 경제 기반을 위해 휴전국가라는 사실을 조금 잊어야 하는지는 차차 두고 더 생각해 보아야 할 것 같습니다. 하나를 얻기 위해 하나를 포기해야 할 줄 아는 것, 염일방일의 고사를 생각하며 말입니다.

〈학생 글〉

이 스피치에서는 '염일방일(拈一放一)'이라는 중국의 고사성어를 사용하였다. '염일방일'은 하나를 얻기 위해 다른 하나를 놓아야 한다는 뜻으로, 여기서는 현재 한반도와 관련 국가들 사이에 첨예하게 대립하고 있는 사드(THAAD, 고고도 미사일 방어체계) 배치 문제와 연결시켜 자신의 논지를 전개하였다.

사실상 어떠한 손해도 없이 우리에게만 유리하게 사드 배치와 관련된 문제들을 해결할 수 없다. 현재로서 우리는 고민하고 있는 여러 가지 대안 가운데 가장 최선의 것을 선택해야 한다. 비록 손해가 있더라도 뒤로 물러나야 하는 문제는 과감하게 물러날 수 있는 용기와 결단이 필요한 시점인 것이다. 이 스피치에서는 지금 우리에게 이러한 자세가 필요하다는 것을 '염일방일'이라는 고사성어를 활용하여 표현하였다. 예부터 전해 오는 고사성어나 명언 등은 자신의 주장을 뒷받침하기에 그 무엇보다도 보장된 근거와 힘이 될 수 있는데, 특히 스피치에서 고사를 사용하면 주제를 잘 뒷받침할 수 있으면서, 그 스피치를 통해 보여 주고자 하는 중심 이미지를 청중의 뇌리에 각인시키고, 깊은 여운을 남길 수도 있다.

3) 은유를 활용한 스피치의 내용 구성 시 유의 사항

(1) 서론에서 주제를 잘 표현할 수 있는 적절한 은유를 만든다.

스피치의 주제를 정하면 우선 주제를 효과적으로 드러낼 수 있는 또 다른 개념을 생각하고, 주제와 그 개념으로 은유를 만들어야 한다. 예를 들어 '나의 인생'이라는 주제로 스피치를 할 경우, 먼저 자신이 그동안 어떤 경험을 해 왔고, 그런 경험을 통해 내 인생을 한마디로 뭐라고 표현할 수 있을지를 정리한다. 여기서 정리된 생각으로 은유를 만드는데, 가장 많이 나올 수 있는 예가 '내 인생은 꿈', '내 인생은 여행', '내 인생은 마라톤', '내 인생은 시트콤'과 같은 은유일 것이다. 그런데 이런 은유는 누구나 바로 떠올릴 수 있을 정도로 평범하고, 자신만의 개성과 인생에 대한 깊은 고민을 담기에 부족할 수 있다. 반면 '내 인생은 값진 시시포스의 신화', '내 인생은 토끼와 고양이 사이의 구구콘'의 경우, 주제에 대한 고뇌와 나만의 개성은 돋보이나, 많은 청중의 공감을 사기가 쉽지 않다. 후자의 사례는 본인이 가진 소심한 성격을 토끼로, 그것이 밖으로는 차갑게 표현되는 것을 고양이로 표현했고, 특정 아이스크림을 좋아하는 자신의 별명이 구구콘이라는 점을 가지고 만든 은유이다. 이 스피치를 듣고 신선하다는 청중도 있었지만 대부분은 이 은유가 공감이 잘 안 되고 무슨 의미인지 바로 파악이 안 된다고 반응하였다.

따라서 주제와 관련하여 은유를 설정할 때에는 청중에게 이 은유가 평범하고 뻔하지는 않을지, 너무 개성이 강해 많은 사람의 공감을 얻기에는 힘들지 않을지 등을 잘 판단해야 한다. 이렇듯 스피치 준비 과정의 첫 단계에서 설정하는 은유는 스피치의 전체적인 방향을 좌우하므로, 적절한 두 개념을 연결시키고 그것을 사용해서 서론을 만들어야 한다.

(2) 본론에서 은유에 담긴 두 개념의 속성을 잘 연결해서 표현한다.

서론에서 사용된 은유는 글의 전체적인 방향성과 구조를 잡는 데 지속적으로 역할을 한다. 즉 은유는 서론에 이어 본론에서도 계속해서 존재해야 하고, 이를 위해 은유가 된 두 개념이 가진 속성을 이용해서 세부 내용을 구성해야 한다.

앞서 '사랑은 미로다'의 구조적 유사성을 살펴보았다. 은유 〈사랑은 미로다〉는 '사랑'이라는 개념과 '미로'라는 개념 간에 비슷한 성질이 많이 존재하기 때문에 만들어질 수 있었다. 두 개념 사이의 비슷한 속성들을 확인했다면 그 중에서도 주제를 표현하기에 효과적인 속성만을 선택해야 한다. 따라서 서론에서 사랑을 미로와 같다는 중심 내용으로 시작했다면 본론에서는 '사랑과 미로는 분명한 시작점이 있습니다. 사랑은 연애 초반에 오래도록 좋은 사랑을 하기 위하여, 미로는 헤매지 않고 출구를 찾기 위하여 설렘과 기대가 가득한 출발을 합니다.'와 같이 말할 수 있다. 또, '사랑과 미로는 목표에 도달하기까지 그 과정을 미리 알 수 없습니다. 이 사랑의 끝이 진정한 사랑일지, 어떤 형태의 사랑이 나타날지, 그 끝이 어디일지 절대 알 수 없습니다. 미로 역시 출구를 찾을 수 있을지, 중간에 얼마나 길을 헤맬지 미리 알 수 없습니다.'와 같은 내용들을 제시할 수 있을 것이다.

이처럼 본론에서는 주제와 함께 은유적으로 연결되는 또 하나의 개념을 가지고 그들이 가진 속성을 확인하고, 그 중에서 주제를 잘 드러낼 수 있는 속성을 선택하여 그

안에서 지속적으로 연결시키도록 해야 한다.

(3) 결론에서도 은유를 사용하여 수미상관의 통일성을 보여 준다.

스피치에도 유종의 미가 반드시 필요하다. 은유를 만들어 서론과 본론에서 사용했다면 결론에서도 등장하여 스피치를 완전하게 매듭지어야 한다.

결론에서 한번 더 은유를 등장시키면 주제를 강조하는 효과가 있을 뿐만 아니라 스피치를 통일성 있는 하나의 덩어리로 만들어 줄 수 있다. 대부분의 경우, 강렬한 시작과는 달리 마무리에서는 힘이 다 빠져 버리는 약점을 보이는데, 지금까지 스피치를 끌고 온 것도 쉽지 않은 일이지만 마무리를 어떻게 하느냐가 청중의 입장에서는 더 중요할 수 있다. 주제가 인상적인 이미지로 청중에게 각인이 되고, 이로 인해 더 많은 청중의 마음을 움직이려면 결론까지 힘을 놓치 말아야 한다.

그러므로 스피치의 마지막에서도 처음에 나온 그 은유를 활용하여 전체적으로 완전한 스피치가 될 수 있도록 해야 한다.

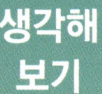

생각해 보기

다음은 하나의 시사적 사건에 대한 자신의 생각을 은유 문장을 이용하여 작성한 연설문입니다. 은유적 대상인 미로와 세월호 인양 작업이 어떻게 연관되어 기술되고 있는지 생각해 보십시오.

"누가 내 치즈를 옮겼을까?" 이 책은 발행된 지 18년이 지났지만, 아직도 청소년 권장 도서로 크게 자리매김을 하고 있습니다.

"인생은 자유로이 여행할 수 있도록 시원하게 뚫린 대로가 아니다. 때로는 길을 잃고 헤매기도 하고, 때로는 막다른 길에서 좌절하기도 하는 미로와 같다." 이 책에 적혀 있는 문장입니다.

미로! 어지럽게 갈라져서, 한 번 들어가면 다시 빠져 나가기 어려운 길을 일컫는 말입니다.

이 책에 쓰여진 대로 우리의 인생은 미로와 같습니다.

우리는 매일 열심히 고민하고, 앞으로 나아갑니다. 하지만 목표에 가까워지는지 멀어지는지 알 수 없습니다. 그렇기에 자신의 목표가 어디인지 알지 못한 채 살아가는 사람들도 있습니다.

미로에서 효과적으로 탈출하기 위해 우리는 이전에 지나왔던 막다른 골목을 다시 마주치는 실수를 범해서는 안 됩니다.

"세월호 인양 현장에 유해 전문가 단 한 명도 없었다"
3월 30일, 한 인터넷 기사의 제목입니다.

지난 29일 해양수산부와 학계에 따르면 세월호 인양 과정에서 유해 수습 전문가와 협의를 하지 않았고, 현장에 유해발굴 전문가는 단 한 명도 참여하지 않았다고 합니다.

세월호 인양에서 중요한 목적인 미수습자 수색이라는 것을 감안하면 해수부의 이 같은 방침은 납득하기 어렵습니다.

지난 28일 해수부는 동물의 뼈를 사람의 유골로 착각해, 사건 발생 3년이 지난 지금 또 다시 유가족들에게 허탈함과 분노를 느끼게 했습니다.

3년 전 세월호 사건 부실 대처에 이어, 현재 유해발굴마저 부실 대처까지.

국민들이 인생이라는 미로에서 목표를 찾지 못하고 고통을 겪는 것은 같은 실수를 반복하는 정부의 제자리걸음 때문입니다.

주저앉아 있는 국민들이 다시금 목표를 향해 나아갈 수 있도록 희생자들의 유골이 무사히 돌아오기를 간절히 바랍니다.

〈학생 글〉

은유를 이용하여 연설문 작성하기

　은유를 이용하여 연설문을 작성할 때에는 은유로 연결된 두 대상 간의 속성을 잘 연결하여 기술해야 한다. 그러하여야만 비유된 내용을 들으면서 화자가 말하고 있지는 않지만, 궁극적으로 하고 싶은 이야기를 청자가 유추할 수 있기 때문이다.
　위의 글을 분석해 보면 "정부의 세월호 인양 작업은 미로를 빠져나오려는 것이다."라는 은유 구조로 되어 있다. 이 은유를 바탕으로 연설문을 구성할 때, 본론과 결론의 구조를 생각해 보면 다음의 표와 같다.

본론 구조	
미로의 특징	정부의 세월호 인양 작업
1. 출구를 알 수 없다. 2. 출구를 찾기 위해서는 과거에 지나 온 길을 기억해야 한다. 3. 출구를 찾기 위해서는 앞쪽에 있는, 현혹하는 잘못된 길에 대한 정확한 판단이 필요하다.	1. 현재의 세월호 인양의 모습은 진실이라는 출구를 찾고 있지 못한 것으로 보인다. 2. 이 미로에서 빠져나오기 위해서는 과거에 지나온 길을 정확히 기억해야 한다. 처음 사건 때의 무대책의 대응, 그리고 적극적 대응을 해오지 않았던 과오들.... 3. 결국 진실의 출구를 찾기 위해서는 정의와 진실을 가로막으며 현혹하는 잘못된 길을 뿌리칠 수 있는 용기를 가지고 현명하고 용기 있게 출구를 찾아 나가야 한다.

〈마무리〉
이렇게 용기있고 현명하게 진실의 미로를 통과해서 세월호 가족과 국민에게 국가의 위상을 다시 보여 줄 수 있는 계기를 마련해야 한다.

〈'미로' 은유를 활용한 학생글의 구조 분석〉

앞선 학생의 글은 미로에 갇혀 버린 정부의 모습만을 기술하고 있을 뿐이다. 이렇게 되면 연설은 미래지향성을 갖지 못하며, 비유로 사용한 미로는 출구를 찾기 위한 해결책을 마련하는 미래지향적인 내용으로 나아가지 못하게 된다. 앞선 학생의 연설문은 앞의 표에서 제시한 구조와 같이 미로가 가진 궁극의 출구 탈출 내용을 활용하여 '문제의 해결'이라는 미래지향성을 반드시 보여 주어야 한다.

프레젠테이션 구성
목적 유형

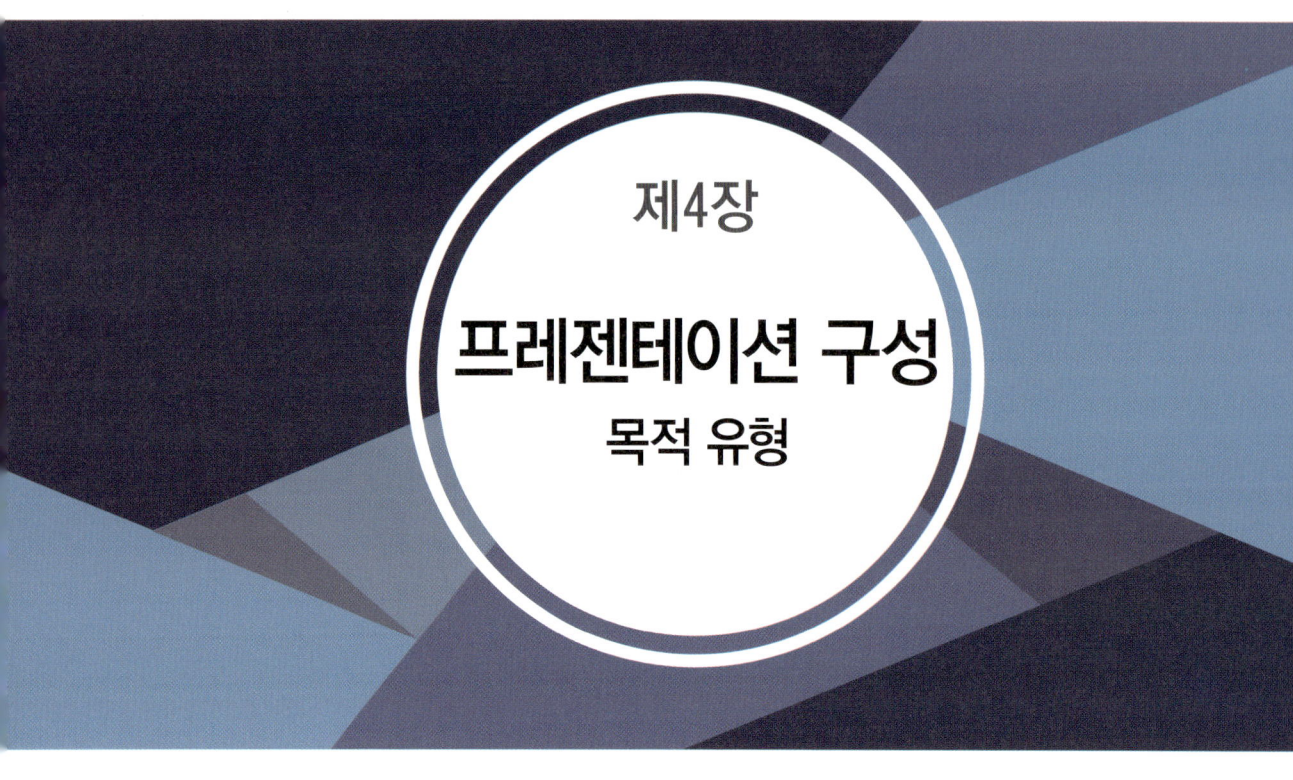

제4장

프레젠테이션 구성
목적 유형

호모 나렌스(Homo Narrans), "이야기하는 사람"

-John D. Niles-

4.1 스토리텔링 프레젠테이션

〈일본 아오모리 현의 합격 사과〉

태풍이 지나간 과수원에는 사과가 몇 개밖에 안 남아 있다.
모두 절망하고 있을 때, 한 청년이 다가와 아직 나무에 달려 있는 10%의 사과를 보고 말한다.

> "이 사과는 강한 태풍에도 절대로 떨어지지 않은 행운의 사과야."
> 그때부터 농부들은 이 사과를 '합격 사과'라는 이름으로 판매하기 시작한다.
> 그리고 놀랍게도 이 사과는 입시 수험생을 둔 학부모들과 학생들에게 보통 가격의 10배 이상의 값으로 순식간에 팔리게 된다.

이야기는 이처럼 강력한 힘을 가지고 있다. 같은 물건도 그 안에 특별한 이야기가 담길 경우 아오모리 현의 '합격 사과'처럼 많은 사람들에게 선택의 대상이 될 수 있기 때문이다.

1) 스토리텔링이란 무엇인가?

스토리텔링(storytelling)은 '스토리(story)'와 '텔링(telling)'이 결합한 말로, 듣는 이에게 말하고자 하는 바를 흥미로운 이야기 형식으로 설득력 있게 전달하는 행위이다.

이상민(2013)에 따르면, 원래 스토리텔링은 문학이나 영화, 교육학 등에서 활용되던 방법이었다. 흔히 서사학이나 문학, 영화에서 쓰이는 내러티브 혹은 플롯 개념과 동일한 개념으로 혼용되어 쓰이기도 하지만, 이는 시간과 공간에서 발생하는 인과 관계로 엮어진 실제 혹은 허구적 사건들의 연결을 의미하는 내러티브나 플롯의 개념과는 구분된다.

사실 스토리텔링의 기원은 선사시대에서부터 찾을 수 있다. 부족들이 둘러앉아 후손에게 부족의 역사와 전통에 대해 이야기해 주는 것이 바로 스토리텔링의 시초이다. 이인화(2003)에서는 사건에 대한 진술이 지배적인 담화 양식이라고 하고, 스토리텔링은 스토리, 담화, 이야기가 담화로 변하는 과정의 세 가지 의미를 모두 포괄하는 개념이라고 설명한다. 즉 스토리텔링은 이야기를 전달하고 나누고 공유하는 행위와 과정을 모두 지칭하는 것이다(이상민, 2013:269).

기본적으로 우리에게는 일상 대화를 포함한 다양한 스피치 상황에서 듣는 이에게 이야기를 흥미롭고 설득력 있게 전달 하고자 하는 욕구가 있다. 그렇지만 상대가 내 말에 처음부터 끝까지 지속적으로 관심을 갖고 집중하게 만드는 것은 결코 쉬운 일이 아니다. 상대가 내 이야기에 귀 기울이게 하려면 어떠한 주제도 최대한 상대의 관심을 끌 수 있는 방향으로 이끌어야 하고, 결국 상대가 공감할 수 있는 이야기여야 한다. 누구나 한 번쯤 경험할 수 있는 이야기일수록 더 많은 사람들이 그 이야기에 빠질 수 있다. 여기에 이야기가 가져야 할 구성 요소나 구조가 잘 갖춰진다면 상대의 흥미와 공감을 훨씬 더 잘 이끌어낼 수 있다. 이런 속성을 가진 스토리텔링은 스피치에서 중요한 방법론이 된다.

인간의 본능 중에는 이야기를 하고 싶고, 이야기를 듣고 싶은 욕구가 있다. 오늘날 스토리텔링이 많은 인기를 누리고 있는 이유를 찾기 위해 역사를 거슬러 올라가면, 이처럼 인간에게는 본래 이야기를 하고 싶어 하는 욕구가 내재되어 있기 때문일 것이다. 그리고 이러한 인간의 욕구는 시대적 요인, 사회적 변화 등을 동력으로 하여 스토리텔링 발전의 중요한 계기가 되었다. 스토리텔링은 매체의 특성에 따라 다양하게 발현되며, 영화, 비디오, 애니메이션, 만화, 게임, 광고 등에서 원천적인 콘텐츠로 활용되고 있다. 이제는 더 이상 지식이 전부가 아니다. 창의성과 감성은 도래하고 있는 4차 혁명 시대의 중요한 자산이며, 상대의 감성을 세심하게 읽어내고 그것으로 소통·공감하는 능력은 변화하는 사회에 대응할 필수 요소이다. 스토리텔링은 듣는 이에게 창의성과 감성을 자극할 수 있는 좋은 도구가 될 수 있다.

우리가 스토리텔링을 제대로 하고자 한다면 주어진 스피치 상황에서 재미없는 사실들을 나열해서는 안 된다. 청중에게 흥미롭게 이야기하기 위해서는 가장 먼저 소재를 찾는 작업부터 신경 써야 한다. 기본적으로 자신의 개인적인 경험이나 관찰을 통해 알게 된 것들을 스토리로 묶어 이야기하는 것이 가장 무난한 방법이다. 자기 주변을 천천히 둘러보면 이야기의 소재는 무궁무진하다. 예를 들어, 마인드맵 방식으로 주제에 관련된 소재들을 풍성하게 찾고 나서 그 중에서 주제를 잘 표현할 수 있는 핵심 사항들을 선별하도록 한다. 즉, 주제에 대한 생각을 가지고서 일상을 유심히 관찰하고, 마인드맵과 같은 내용 생성의 과정을 통해서 이야기를 마련하도록 한다.

일반적으로 스토리에 주관적인 감성이 반영될 때 이는 훨씬 흥미진진해진다. 여기에 또 한 번 흥미를 더하려면 복합적이면서도 뚜렷이 차별화되는 나만의 관점이 살아있도록 해야 한다. 더불어 전체적으로 부정적인 스토리보다는 긍정적인 스토리가 성공적이다. 그런데 스토리텔링에서 반드시 필요한 것은 갈등과 긴장이다. 스토리텔링은 이야기를 전달하는 것이고, 어떠한 이야기에도 반드시 갈등이 존재하기 때문이다. 흔히 갈등을 부정적인 것, 없애야 하는 대상으로 보는데, 갈등이 없는 이야기는 듣는 사람에게 흥미를 주거나, 감정적으로 울림을 주기 어렵다. 스토리텔링을 할 때 주인공이 갈등을 극복하고 긴장을 없애는 일련의 과정을 보여 줌으로써 청중에게 긍정적인 가치와 희망적인 메시지를 전달할 수 있는 것이다. 갈등은 그 크기가 클수록 청중에게 큰 공감을 사고 감동을 줄 수 있다.

2) 스토리의 기본 구조

류현주(2015)에서는 스토리의 기본 뼈대를 잡는 데에 'AIDA'라는 이론을 활용하면 좋다고 설명하고 있다. 스토리의 기본 구조를 이루고 있는 'AIDA'는 원래 광고나 프로모션 등에서 소비자가 반응하는 순서를 나타내는 용어이다. 이는 광고나 프로모션 전략을 짤 때 소비자가 반응하는 순서에 따라 단계별로 소비자를 이동하게 만드는 게 효과적이라는 이론에서 근거한 것이다. 스피치도 연사가 청중의 마음을 움직여야 하는 작업이므로 광고를 제작할 때와 동일한 맥락으로 스토리의 구조에 접근하면 된다.

(1) 관심 끌기(attention)

스피치의 초반에 청중의 관심을 끄는 것은 매우 중요하고 필수적이다. 청중의 관심을 끌 수 있는 이야기에는 다음과 같은 요소가 들어있다. 이런 요소들이 통계 자료나 이미지, 간단한 문구 등으로 제시될 때 훨씬 강력하게 작용할 수 있다.

- 내가 처한 문제 상황
- 내가 속한 세상의 새로운 변화
- 내가 미처 몰랐던, 관심을 가질 만한 놀라운 사실

> 백 년 전, 한 위대한 미국인이 노예 해방령에 서명을 했습니다. 지금 우리가 서 있는 이곳이 바로 그 상징적인 자리입니다. 그 중대한 선언은 불의의 불길에 타들어 가고 있던 수백만 흑인 노예들에게 희망의 횃불로 다가왔습니다. 그 선언은 오랜 노예 생활에 종지부를 찍는, 즐겁고 새로운 날의 시작으로 다가왔습니다. 그러나 그로부터 백 년이 지난 오늘, 우리는 흑인들이 여전히 자유롭지 못하다는 비극적인 사실을 직시해야 합니다. 백 년 후에도 흑인들은 여전히 인종 차별이라는 속박과 굴레 속에서 비참하고 불우하게 살아가고 있습니다. 백 년 후에도 흑인들은, 이 거대한 물질적 풍요의 바다 한가운데 있는 빈곤의 섬에서 외롭게 살아가고 있습니다. 백 년 후인 지금 흑인들은 여전히 미국 사회의 한 귀퉁이에서 고달프게 살아가고 있습니다. 그들은 자기 땅에서 유배당한 것입니다.

이것은 미국의 목사이자 흑인 해방 운동가였던 마틴 루터 킹(Martin Luther King)이 1963년 8월 28일에 노예 해방 100주년을 기념하여 한 연설의 도입부이다. 일명 'I have a dream(나에게는 꿈이 있습니다)'으로 유명한 이 연설은 100년 전 오늘 노예로 살아가던 우리가 드디어 해방을 맞았지만 100년이나 지난 지금의 사회에도 여전히 우리에게는 차별과 빈곤이 만연한 현실을 주지시켰다. 또한 '백 년 후에도 흑인들은'이라는 말을 반복적으로 사용하며 앞으로 이 문제가 더 심각해질 것임을 점진적으로 강조함으로써 연설에 대한 청중의 관심을 지속시키고 자연스럽게 본론에 들어갈 수 있도록 하였다.

- 마틴 루터 킹의 연설문 출처 - 네이버 지식백과 '미국의 명연설', (1963)
  http://terms.naver.com/entry.nhn?docId=1714364&cid=43938&categoryId=43943

(2) 흥미 고조(interest)

스피치의 초반에 관심을 잘 끌었다면 본론에서는 흥미를 지속적으로 고조시켜야 한다. 초반에 청중의 관심을 끄는 데 성공했다고 안심할 수 없다. 사실 그 관심을 유지시키는 것이 더 중요하면서도 까다로운 일이기 때문이다.

청중의 흥미를 유지하기 위해서는 스토리에 '긴장'이 필요하다. 긴장감을 조성하는 것은 '갈등'으로, 다음의 사례처럼 이야기에 갈등이 고조되다 풀리는 과정이 몇 차례 진행된다면 이야기가 지속되더라도 청중의 관심이 쉽게 가라앉지 않을 것이다. 이렇게 긴장감을 조성하고 해소하는 과정들을 몇 차례 거치면 청중의 흥미가 서서히 고조될 수 있다.

지금 이 순간의 긴박성을 간과하고 흑인의 결의를 과소 평가한다면, 그것은 이 나라에 치명적인 일이 될 것입니다.

위엄과 원칙이 있는 높은 곳을 향한 투쟁을 영원히 계속해야 합니다.

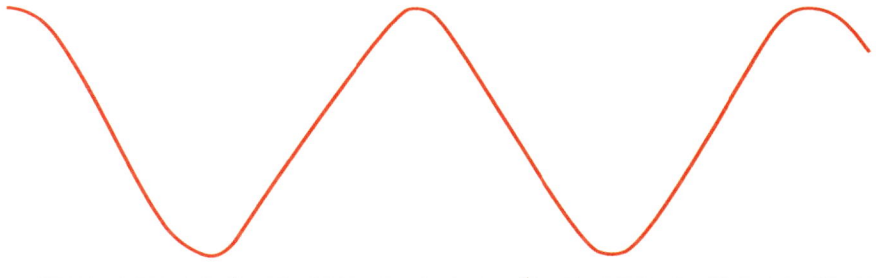

오늘날 미국이 시민의 피부색에 관한 한, 이 약속 어음을 보장하는 바를 제대로 이행하지 않고 있다는 것은 분명한 사실입니다.

정의의 궁전으로 향하는 출발점에 선 여러분에게 꼭 드리고 싶은 이야기가 하나 있습니다.

마틴 루터 킹의 연설에서 주제와 관련된 일반적인 내용이나 사실들을 말할 때에는 긴장감이 상대적으로 낮아지지만, 목표나 필요성을 언급하는 부분에서는 긴장감이 상향 곡선을 그리고 있다. 이처럼 오르락내리락하는 곡선이 지속적으로 나타나는 것을 통해 이 연설에 긴장감이 이어지며 흥미도 함께 유지되고 있음을 알 수 있다.

(3) 욕구 자극(desire)

청중의 흥미를 끌어올렸다면 이제는 청중이 행동으로 옮기거나 그러한 마음가짐을 가질 수 있도록 해야 한다. 이때는 청중에게 돌아갈 혜택을 제시하며 설득하는 방법이 효과적이다.

마틴 루터 킹의 연설에서는 '나에게는 꿈이 있습니다.'라고 반복하며 청중들에게 자신의 꿈에 대해 이야기한다. 이 꿈은 곧 청중의 꿈이며, 꿈이 이루어지는 희망찬 미래가 이러한 모습으로 펼쳐질 것임을 나열함으로써 청중의 행동 욕구를 점점 더 자극하고 있다.

> 나의 친구인 여러분들에게 말씀드립니다. 고난과 좌절의 순간에도 나는 꿈을 가지고 있다고. 이 꿈은 아메리칸 드림에 깊이 뿌리 내리고 있는 꿈입니다.
>
> 나에게는 꿈이 있습니다. 언젠가는 이 나라가 모든 인간은 평등하게 태어났다는 것을 자명한 진실로 받아들이고, 그 진정한 의미를 신조로 살아가게 되는 날이 오리라는 꿈입니다. 언젠가는 조지아의 붉은 언덕 위에 예전에 노예였던 부모의 자식과 그 노예의 주인이었던 부모의 자식들이 식탁에 함께 둘러앉아 형제애를 나누는 날이 오리라는 꿈입니다. 언젠가는 불의와 억압의 열기에 신음하던 저 황폐한 미시시피 주가 자유와 평등의 오아시스가 될 것이라는 꿈입니다. 나의 네 자녀들이 피부색이 아니라 인격에 따라 평가받는 그런 나라에 살게 되는 날이 오리라는 꿈입니다.
>
> 오늘 나에게는 꿈이 있습니다. 주지사가 연방 정부의 조처에 반대할 수 있다느니, 연방법의 실시를 거부한다느니 하는 말만 하는 앨라배마 주가 변하여, 흑인 소년 소녀들이 백인 소년 소녀들과 손을 잡고 형제, 자매처럼 함께 걸어갈 수 있는 상황이 되는 꿈입니다.

(4) 행동 촉구(call to action)

아직도 제시된 해결책을 의심하거나 완전히 믿지 않는 청중이 있을 것이다. 또는 제시된 문제 상황에서 벗어나 버리는 경우도 있을 수 있다. 마틴 루터 킹 연설의 마지막 부분에서는 다음과 같이 청중의 행동을 촉구한다.

> "나의 조국은 자유의 땅, 나의 부모가 살다 죽은 땅, 개척자들의 자부심이 있는 땅. 모든 산에서 자유가 노래하게 하라." 미국이 위대한 국가가 되려면 이것은 반드시 실현되어야 합니다. 그래서 자유가 뉴햄프셔의 거대한 언덕에서 울려 퍼지게 합시다. 자유가 뉴욕의 큰 산에서 울려 퍼지게 합시다. 자유가 펜실베이니아의 앨러게니 산맥에서 울려 퍼지게 합시다. 콜로라도의 눈 덮인 로키 산맥에서도 자유가 울려 퍼지게 합시다. 캘리포니아의 굽이진 산에서도 자유가 울려 퍼지게 합시다. 조지아의 스톤 마운틴에서도 자유가 울려 퍼지게 합시다. 테네시의 룩아웃 산에서도 자유가 울려 퍼지게 합시다. 미시시피의 모든 언덕에서도 자유가 울려 퍼지게 합시다. 모든 산으로부터 자유가 울려 퍼지게 합시다. 자유가 울려 퍼지게 할 때, 모든 마을, 모든 부락, 모든 주와 도시에서 자유가 울려 퍼지게 할 때, 우리는 더 빨리 그날을 향해 갈 수 있을 것입니다. 신의 모든 자손들, 흑인과 백인, 유태인과 이교도, 개신교도와 가톨릭교도가 손에 손을 잡고, 옛 흑인 영가를 함께 부르는 그날 말입니다. "드디어 자유, 드디어 자유, 전지전능하신 하나님, 우리가 마침내 자유로워졌나이다!"

이처럼 스피치의 초반에서는 청중의 관심을 끌고, 긴장과 해소의 반복을 통해 흥미를 고조시킨 다음, 청중의 욕구를 자극시키고 그것을 행동으로 실천할 수 있도록 하는 큰 흐름으로 이야기를 구성할 수 있다.

3) 효과적인 스토리텔링 프레젠테이션을 위한 고려 사항

스티븐 데닝(2005)에서는 스토리텔링을 하나의 공연 예술로 보았기 때문에 '어떻게 공연되느냐'를 중요하게 생각했고, 이에 따라 다음의 사항들을 신경써야 한다고 하였다. 효과적인 스토리텔링 프레젠테이션을 하려면 우선 첫째, 스피치 방식을 스토리텔링에 적합한 스타일로 맞춰야 한다. 현대 사회에 적합한 스토리텔링 스타일은 쉽고 간단하면서 직접적인 스타일이다. 스타일은 크게 네 가지로 나누어 살펴볼 수 있다.

(1) 1:1로 대화하듯이 스토리를 구술한다.

1:1로 대화하는 것처럼 이야기를 전개하는 이 방식은, 어느 한 순간에 갑자기 청중에게 뭔가 할 말이 떠올라서 무의식적으로 이야기를 시작하는 듯한 느낌을 준다. 그렇기 때문에 인위적이지 않고 자연스럽게 이야기 속으로 청중을 끌어들일 수 있다. 이때 스피치 요청을 방금 막 받아서 연설을 시작하는 것처럼 아주 자연스러운 대화체를 사용하는 것이 좋다.

(2) 간단명료하게 이야기하는 것을 유지한다.

무엇보다 이야기는 간결해야 하고, 주제가 청중에게 분명하게 전달되어야 한다. 준비한 이야기가 기정사실이라는 점을 토대로 하여 투명한 어법으로 이야기하도록 한다.

(3) 스토리 자체를 가치 있는 대상으로 제시한다.

적지 않은 연사가 자신이 그 이야기를 왜 하는지, 그 주제가 얼마나 흥미로운지에 대해 제대로 고민해 보지 않고, 또 확인하지 않는다. 연사는 청중에게 자신의 스토리를 그 자체로 가치 있는 것으로 표현할 수 있어야 한다.

(4) 자연스럽게 공연한다.

연사는 준비한 이야기를 자신이 처음 발견한 새로운 이야기인 것처럼 자신감을 가진 상태에서 자연스럽게 말해야 한다.

스토리텔링의 스타일을 정확히 알았다면 연사는 물론이고, 연사의 이야기가 반드시 자신의 경험에 의한 '진실'된 것이어야 한다. 청중은 이야기를 통해 새로운 경험을 하게 되고 가능성을 깨달을 수 있다. 따라서 연사는 그러한 경험이나 가능성을 전달함으로써 청중의 이해력을 단계적으로 증강시켜야 한다. 이를 위해서는 이야기할 때 연사 스스로 진실을 말하는 것이 가능하다고 전제해야 한다. 그리고 그 진실이 청중에게 잘 알려질 수 있고, 전달될 수 있다고 믿는 자세를 가진다. 그렇다고 연사가 똑똑해야 한다는 말은 아니다. 자신이 말할 주제에 대해서만 깊고 넓게 알고 있으면 된다. 연사는 자신의 이야기를 진솔하게 전달하고, 그 결과에 대해서는 연연하지 않는 태도가 필요하다.

다음으로 스토리텔링 스피치를 위해 필요한 것은 '연기'이다. 스토리텔링 스피치를 할 경우에는 다른 스피치보다 사전에 보다 철저한 리허설 과정을 거쳐야 한다. 만약 그러지 않을 경우, 아무리 자신의 이야기라고 하더라도 절대 자연스럽게 '연설'할 수 없기 때문이다. 훌륭한 스토리텔링을 위해서는 수많은 연습을 거쳐야 하고, 그 결과 완벽하고 자연스러운 스토리텔링을 할 수 있다.

우선 스토리의 큰 틀을 선택하고, 그 틀을 이야기가 끝날 때까지 잘 유지해야 한다. 스피치를 하다 보면 청중의 요구를 즉흥적으로 받게 되는데, 그러면서도 이야기의 기본 구조와 방향성은 놓치지 않도록 해야 한다. 이를 위해서는 스피치의 준비 과정에서 스토리의 틀에 대해 잘 파악하고 있어야 한다. 다시 말해, 스토리에는 기본적으로 어떤 요소가 포함되어야 하고, 어떠한 순서로 전개되어야 하며, 특별히 강조해야 할 것은 무엇인지에 대해 전체적인 계획을 세울 필요가 있다.

마지막으로 스피치를 어떻게 '전달'해야 할지에 대한 고민도 필요하다. 스토리텔링 프레젠테이션을 할 때에는 우선 스스로가 어떤 한 편의 공연을 펼치고 있다는 생각을 해야 한다. 그럴 경우 이야기를 훨씬 더 잘 전달할 수 있다. 또한 수많은 연습을 통해 스토리의 구조를 정확하게 숙지하고 있을 때, 스토리텔링 프레젠테이션의 성공 가능성이 높아질 것이다.

다음으로는, 청중 한 사람 한 사람과 이야기를 나눈다는 생각으로 같이 호흡하도록 한다. 몸도 가만히 있지 않고 적절하게 움직여 가면서 청중에게 적극적으로 관심을 보인다. 그럴 경우 청중은 연사를 개방적이고 열정적인 대상으로 인식할 것이다. 이런 태도로 청중 한 명 한 명과 시선을 맞추는 것이 좋다.

무엇보다 준비한 내용과 제스처 등을 암기해서 기계처럼 똑같이 보여 주면 절대로 안 된다. 물론 여러 번의 리허설을 통해 철저하게 준비되겠지만 암기한 것을 그대로 재현하고 있는 모습으로 청중에게 비춰진다면 청중은 연사가 자신과 함께 호흡하고 있다는 느낌을 받을 수 없기 때문이다. 청중은 연사가 텍스트를 그저 쓰인 대로 읽는 것이 아니라 둘만의 사적인 대화를 하는 것처럼 자연스러운 상호 작용이 이루어지기를 원한다.

또한 적절한 '제스처'를 사용해야 한다. 제스처를 잘 사용하면 이야기에서 중요한 부분을 강조할 수 있고, 연사가 최선을 다해 온몸으로 이야기하고 있음을 보여 줄 수 있기 때문이다. 제스처는 반드시 자연스러워야 하고, 그러기 위해서는 사전에 수많은 연습이 필요하다. 연습을 통해 실전에서는 가장 효과적이고 자연스럽다고 판단된 제스처를 사용하도록 한다.

한편 이야기의 흐름에 맞는 '시각 자료'도 함께 사용한다. 일반적으로는 파워포인트 (PowerPoint), 프레지(Prezi)와 같은 프레젠테이션 도구를 사용할 수 있다. 특히 이렇게 시각 자료가 준비되어 있으면 연사가 이야기의 흐름을 놓치지 않을 수 있으며, 길잡이 역할을 하는 보조 자료가 있음으로써 긴장을 덜할 수 있다.

끝으로 연사는 '청중'을 잘 파악하고 있어야 한다. 청중의 이익과 요구 사항을 잘 알고, 그것이 반영된 스토리를 준비해야만 성공적인 스피치를 할 수 있기 때문이다. 누구든지 어떤 이야기를 듣고 나서 자신에게 아무런 이익이 없다면 흥미를 가지지 않을 것이다. 그러므로 가장 좋은 방법은 청중의 요구를 잘 분석하고, 시의적절하면서도 신선한 스토리를 준비하는 것이다.

설명형 프레젠테이션 4.2

"연설자는 대중의 열정을 구체적으로 표현하는 사람이다. 대중에게 감동을 전하기 전에 자신이 먼저 감동받아야 하고, 대중을 눈물짓게 하기 전에 자신이 먼저 눈물을 흘려야 한다. 그들에게 확신을 주기 전에 먼저 스스로를 믿어야 한다."

-윈스턴 처칠-

1) 설명형 프레젠테이션이란?

스피치를 목적과 상황에 따라 구분한다면 설명형 스피치와 설득형 스피치로 구분할 수 있다. 설명은 객관적인 말하기이고, 설득은 상대방의 마음을 움직여야 하는 말하기(장혜영, 2012)라고 할 수 있다. 프레젠테이션도 그 목적에 따라 설명형 프레젠테이션과 설득형 프레젠테이션으로 나눌 수 있는데, 설명형 프레젠테이션은 청중들에게 새로운 개념, 생각, 사실들을 쉽게 설명하고 이해시켜 그들에게 새로운 생각을 심어 주는 것이고, 설득형 프레젠테이션은 어떠한 믿음이나 행위를 발표자가 의도하는 방향으로 변화시키는 것이다. 즉, 청중들의 마음을 움직여 연사가 의도한 방향으로 행동할 수 있도록 하는 것이 목적이라고 할 수 있다.

설명형 스피치는 일상생활에서 가장 필요로 하는 능력 중 하나이다. 한 조사 기관이 미국 대학교 졸업생을 대상으로 졸업 한 후 사회생활에서 가장 필요한 말하기 기술이 무엇인지에 대해 조사하였는데, 그 결과 설명형 스피치가 가장 필요하고 요구되는 말하기 기술이라는 결과가 나왔다고 한다. 또 다른 조사에서는 응답자의 62%가 말하기 기술 중에 설명형 스피치를 가장 많이 하고 있다고 답하였다. 이를 보면 알 수 있듯이, 설명형 스피치는 우리의 일상생활에서 가장 많이 요구되고 있으며, 이미 우리는 이를 행하고 있다. 우리가 회사에서 회의를 하거나 상사에게 기획에 대해 설명할 때, 새로운 기술이나 새로운 법 시행에 대해 설명할 때, 어떤 것을 작동하는 방법을 설명할 때, 사건에 대해 보고할 때, 건축가가 건축 설계도를 설명할 때 우리는 이미 설명형 스피치를 하고 있다. 특히 학교에서 수업 시간에 특정 개념에 대해 설명하거나 어떤 것에 대해 묘사할 때, 학생들이 발표할 때 가장 많이 사용하는 것이 바로 설명형 스피치이다.

우리 일상 속에서의 설명형 스피치에서 알 수 있듯이, 설명형 프레젠테이션의 목적 또한 청중에게 어떤 지식을 이해시키거나 새로운 정보를 제공하는 것이다.

설명형 프레젠테이션의 대상은 물건, 장소, 사건, 인물, 과정, 절차, 개념에 관한 것들이다. 여기서 프레젠테이션의 목적이 발표자의 주장대로 상대방을 설득하거나 어떤 명분을 지지하는 것이 아니고, 새로운 지식과 이해를 정확이 전달하려는 것이라면 이는 설명형 프레젠테이션이 되는 것이다. 설명형 프레젠테이션의 핵심은 발표 내용을 청중에게 명확히 전달하고, 그 내용을 쉽게 이해시키고 기억할 수 있도록 하는 데에 있다.

우리가 성공적인 설명형 프레젠테이션을 하기 위해서는 어떻게 해야 할까? 무엇보다 청중이 흥미를 가질 수 있도록 하여 그 내용을 듣게 하고, 이를 쉽게 이해시키고 전달하는 것이 중요하다. 효과적인 설명형 프레젠테이션을 위해서는 설득의 여러 기법들을 사용하기도 하며, 설득형 프레젠테이션에서도 청중을 설득하기 위해 설명의 기법들을 사용하기 때문에 이 두 프레젠테이션은 서로 공통분모를 가지고 있다고 할 수 있다.

2) 설명형 프레젠테이션의 유형

성공적인 설명형 프레젠테이션을 하기 위해서는 여기에 속한 유형들을 살펴보고 그 특징에 대해 알아봄으로써 그 효과를 극대화해야 한다. 설명형 프레젠테이션의 유형은 무엇을 대상으로 프레젠테이션을 하느냐에 따라 대상에 대한 프레젠테이션, 과정에 대한 프레젠테이션, 사건에 대한 프레젠테이션, 그리고 개념에 대한 프레젠테이션으로 나뉠 수 있다(Lucas, 1989:임태섭, 2010에서 재인용). 또 그 목적에 따라 구분하면 보고, 강의, 지시, 시범 등으로 나뉠 수 있다(Ehninger et al, 1984:임태섭, 2010에서 재인용). 먼저 대상에 따른 프레젠테이션에 대해 살펴보고자 한다.

(1) 대상에 대한 프레젠테이션

'대상(object)'이란 눈으로 보며 만질 수 있는, 형태를 가지고 있는 사물이나 생명체 모두를 포함한다. 즉 사물, 식물, 동물, 사람, 살아 있는 것, 장소와 구조물 등 모두가 여기에 해당된다. 예를 들면 드론, 팔색조, 토마스 에디슨, 독일, 제주도, 경복궁 등이 있다. 이러한 대상을 가지고 효과적인 설명형 프레젠테이션을 하려면 어떻게 해야 할까?

말하려고 하는 대상이 다면성을 가지고 있다면 그 중 구체적인 한 가지 측면을 설정하여 그에 따른 목적을 설정해야 한다. 여기서 구체적인 한 면을 설정할 때에는 앞에서 언급했듯이 청중을 고려하여 그 목적을 설정해야 한다. 청중이 이 주제에 대해 어떤 점을 궁금해하고 관심 있어 하는지에 따라 발표하고자 하는 내용이 결정된다. 즉 청중의 유형에 따라 발표 대상이 달라지는 것이다. 만약 '토마스 에디슨'에 대해 발표한다면 청중이 어린이인지, 과학자인지, 학부모인지에 따라 대상의 한 측면을 정하고 그에 맞는 목적을 설정해야 한다.

만약 청중이 어린이라면 '에디슨의 어릴 적 꿈'이나 '에디슨의 호기심'이 공감될 것이고, 만약 청중이 발명을 하고 있는 과학자라면 '에디슨 발명의 특징'이, 학부모가 청중이라면 '에디슨의 교육'이 그 대상이 될 것이다. 이처럼 어떤 대상의 광범위한 측면이 아니라 청중을 고려한 구체적인 대상을 어떻게 설정할 것인가가 대상에 대한 프레젠테이션의 성패를 결정한다고 해도 과언이 아니다.

구체적인 대상을 설정하고 난 후 그 발표 구성은 어떻게 해야 할까? 모든 프레젠테이션에는 시간적 제약이 있기 때문에 발표 내용의 구성이 그 효과를 극대화할 수도 있다. 대상에 대한 프레젠테이션의 구성은 시간적 순서, 공간적 순서, 주제별 순서 등으로 구성할 수 있다. 독일의 통일 과정을 대상으로 하는 프레젠테이션이라면 이를 연대기 순으로 발표하는 것이 효과적일 것이고, 경복궁의 구조를 구체적인 대상으로 설정했다면 이는 경복궁이 시작되는 광화문, 근정전, 강녕전, 교태전 등의 공간적 순서대로 구성하는 것이 효과적일 것이다. 한편 제주도를 대상으로 프레젠테이션을 한다면 주제별로 나누어 제주도의 땅, 물, 산, 식물, 사람 등과 같이 주제별 순서로 구성할 수도 있을 것이다.

이와 같이 프레젠테이션 대상을 청중의 유형에 따라 구체적으로 설정하고, 그 대상에 따라 어떻게 내용을 구성할지를 정해야 성공적인 프레젠테이션이 이루어 질 수 있다.

(2) 과정에 대한 프레젠테이션

'과정(process)'이란 어떠한 결과에 도달하기 위해 어떠한 일이 되어 가는 경로를 의미한다. 과정에 대한 프레젠테이션에서는 청중이 일의 경로를 알 수 있도록 각 단계를 설명할 수도 있고, 청중이 직접 그 과정을 수행할 수 있도록 설명할 수도 있다. 즉 어떤 것을 만드는 방법, 어떤 것을 작동하는 방법, 어떤 것을 하는 방법에 대한 설명이 있는 프레젠테이션이 바로 설명형 프레젠테이션인 것이다. 이 프레젠테이션에서는 어떤 특정한 것에 대해 '어떻게 만들어지나?', '일을 어떻게 처리하나?', '어떻게 작동하나?' 등의 것들을 다룬다. 과정에 대한 프레젠테이션을 할 때에는 대부분 연대순으로 설명하는데, 여기서 연대순이란 과정의 여러 단계를 처음부터 끝까지 시간 순서대로 차례차례 설명하는 것을 말한다. 이 프레젠테이션을 할 때에는 과정의 여러 단계를 처음부터 끝까지 시간순으로 설명하는 것이 일반적이지만, 시간적 제약 때문에 매 단계 수행해야 하는 과정을 다 설명하기가 어렵다면 그 과정을 3, 4단계로 크게 나눠 설명하거나 과정을 수행할 때 주의해야 할 원칙이나 기술에 중점을 두고 설명하는 것이 더 효과적일 수 있다. 예를 들어 '3D 프린터의 작동법'에 대해 프레젠테이션을 할 때 만약 처음부터 끝까지 모든 과정을 순서대로 설명한다면 시간적 제약 때문뿐만 아니라 청중들도 이미 알고 있는 기본 지식과 중복되는 부분이 있어 지루하게 느낄 수 있으므로 그 과정을 크게 3, 4단계로 나눠 설명하거나 기존에 알고 있는 지식과는 다른 새로운 지식을 중점으로 설명하는 것이 좋다. 또한 과정에 대한 프레젠테이션에서는 복잡한 과정을 실제로 시연하거나 화면을 활용해 핵심 부분을 보여 줌으로써 그 효과를 극대화할 수 있다.

(3) 사건에 대한 프레젠테이션

'사건(event)'이란 이미 발생한 일이나 지금 일어나고 있는 일을 말한다. 사건에 대한 프레젠테이션에는 설명형 프레젠테이션이 가장 적절한 유형이라고 할 수 있다. 예를들어 '2차 세계대전', '동학운동', '영국의 유럽연합(EU) 탈퇴' 등에 대해서는 이 프레젠테이션이 적절하다. 사건에 대한 프레젠테이션을 할 때에는 사건이 일어난 순서대로 이를 구성할 수 있다. 또한 사건에 대해 주제별로 구성할 수 있는데, 이럴 경우 사건의 특징, 기원, 의미, 영향, 앞으로의 발전 방향 등으로 구성할 수 있다. 이때 발표자들이 자주 범하는 실수는 사건에 대한 프레젠테이션이 설명형 프레젠테이션인데도 불구하고 사건에 대한 발표자의 견해를 피력하며 설득형 프레젠테이션으로 가는 것이다. 이 경우 어떤 사건에 대한 정보를 청중들에게 전달하고 이해시키는 것이 목적이라는 것을 잊지 말아야 한다.

(4) 개념에 대한 프레젠테이션

'개념(concept)'이란 추상적인 것으로, 이념, 믿음, 이론, 법에 관한 것들이 이에 해당된다. 도교 사상, 자유주의, 상대성 이론, 인권, 정의 등과 같이 눈으로 볼 수 없고 손으로 만질 수 없지만 존재한다고 믿는 개념을 말한다.

개념에 대한 프레젠테이션을 할 때, 청중들이 처음 접하는 개념이나 어려운 개념을 이해하기 쉽게 전달하는 것은 쉽지 않다. 새로운 개념을 설명할 때에는 청중들이 이미 알고 있는 내용에 새로운 정보를 하나씩 추가할 수 있도록 설명하는 것이 효과적이다. 청중들이 이미 이해하고 있는 언어를 이용해 비유와 예를 들어가며 각 부분을 설명하면 이를 조금이나마 쉽게 전달할 수 있다. 발표자는 이미 설명하고자 하는 개념에 대해 알고 있기 때문에 당연하다고 받아들이는 개념들을 청중들은 처음 접한다는 것을 잊지 말고 차근차근 설명해야 하고, 또 핵심이라고 생각하는 부분을 반복해서 정리해 주는 것이 좋다. 우리는 이론적으로 중요한 부분은 반복해서 말해야 한다는 것을 너무도 잘 알고 있지만, 실제 프레젠테이션에서 발표자는 '반복'이라는 가장 좋은 기법을 쉽게 간과하곤 한다.

특히 개념에 대한 프레젠테이션에서는 핵심적인 부분을 반복하는 좋은 기법을 잊지 않도록 하자.

새로운 개념을 설명하는 사례를 살펴보면 TED 강연에서 하버드대학교 심리학 교수 댄 길버트(Dan Gilbert)는 청중들에게 낯선 개념인 '행복합성'에 대해 설명한 사례가 있다. 여기서 어떻게 스피치를 시작하는지 살펴보면 다음과 같다.

> 21분짜리 강연을 시작하면서 200만 년을 생각해 보니 정말 긴 시간처럼 느껴집니다.
>
> 진화의 역사를 보면 200만 년은 아무것도 아닙니다. 하지만 이 기간 동안 인간의 뇌는 그 질량이 3배나 늘었습니다. 인간의 조상인 호모하빌리스의 뇌는 0.57kg이었지만, 여기 앉아 있는 현생 인류의 뇌는 1.36kg이 넘습니다. 대자연은 왜 우리 인간에게 이렇게 큰 뇌를 주었을까요? 그런데 무게만 3배 늘어난 게 아닙니다. 새로운 조직을 갖게 되었어요. 뇌가 커진 가장 큰 이유는 전에 없었던 전액골 피질이라는 조직이 생겨났기 때문입니다. 이 조직이 도대체 무엇이기에, 진화의 역사로 치면 눈 깜짝할 정도의 짧은 순간에 인간의 뇌 구조를 완전히 바꿔 놓았을까요? 이 조직의 가장 중요한 기능은 기억을 조절하는 것입니다. 경험의 시뮬레이션이라고 할까요? 파일럿은 비행 시뮬레이션을 연습합니다. 진짜 비행기에 탔을 때 실수를 저지르지 않기 위해서죠. 인간은 머릿속의 경험을 현실에 적용하는 놀라운 적응력을 가지고 있습니다. 인간의 조상들에게는 없던 기술입니다. 인간 외에 다른 동물이 따라 할 수 없는 유일한 능력이죠. 이 능력이 엄지손가락의 방향, 직립 보행 능력, 언어와 함께 인류를 나무 위가 아닌 쇼핑몰에서 볼 수 있도록 만들었습니다. (중략) 경험 시뮬레이션이 어떻게 작동하는지 볼까요? 여기서 잠깐 확인하고 싶은 것이 있습니다. 다음 2가지를 생각해 보세요. 2가지를 시뮬레이션해 보고, 둘 중 어느 쪽이 더 좋은지 말씀해 주세요. 하나는 복권에 당첨되는 것, 또 다른 하나는 다리가 마비되는 것입니다. 우리 연구실에서 진행 중인 이 연구는 놀라운 사실을 보여 줍니다. 이는 '충격 편향'이라고 불리는 것인데, 시뮬레이션은 부정적으로 작용하는 경향이 있어서 일반

적이지 않은 결과를 사실과 다르게 믿도록 만든다는 것입니다. 연구를 통해 확인한 결과, 선거의 당락, 사랑에 빠지거나 실연을 당하거나, 승진을 하거나 승진에 실패하거나, 대학 시험에 합격하거나 불합격하거나 등의 여부는 생각보다 파급 효과나 충격이 적었습니다. 이런 일들이 영향을 미치는 기간도 짧았고요. 당황스러웠습니다. 최근 연구에 따르면 일부 예외는 있지만 인생에서 끔찍한 트라우마를 겪은 후 3년이 지나면 행복에 영향을 미치지 않는다고 합니다. 왜냐고요? 행복이 만들어지기 때문이죠! 인간의 마음에도 일종의 면역 체계가 있습니다. 이 면역 체계는 주로 무의식적으로 작동하는 인식 시스템인데, 이는 세상에 대한 시작을 바꿔 자신의 상황을 좀 더 낫게 느끼도록 만듭니다.•

위의 발표에서 청중들이 호기심을 느꼈다면 이는 곧 청중들이 귀를 기울이고 마음을 열어 발표자의 말을 듣기 시작했기 때문일 것이다. 이와 같이 청중들의 호기심을 자극해서 이들이 발표자의 말을 경청할 수 있도록 한다면 새로운 개념을 이해시킬 수 있다. 발표자는 처음부터 '인간의 뇌', '진화'라는 개념으로 발표를 시작하지 않고, '21분짜리 강연을 시작하면서'라고 하며 청중들과 현재의 상황에서 같이 출발함으로써 생소하고 어렵게 느낄 수 있는 신경과학적 지식에 대한 부담을 줄여 주어 청중의 귀와 마음을 여는 데 기여하였다고 볼 수 있다. 또한 청중들이 어렵게 느낄 수 있는 새로운 핵심 개념을 한 번에 바로 설명하지 않고, 기본 개념을 단계적으로 하나씩 설명하고 있다. '전액골 피질', '경험 시뮬레이션', '충격 편향'에 대해 순차적으로 하나씩 설명함으로써 청중들이 낯설고 어려운 개념을 좀 더 쉽게 받아들이고 이해할 수 있도록 하였다.

- 청중들과 현재의 상황에서 함께 출발
- 새로운 개념을 순차적으로 하나씩 설명
- 핵심적인 부분 반복, 정리

개념 프레젠테이션에서는 설명에 대한 신뢰를 높이기 위해 전문적인 권위가 있는 책

• 크리스 앤더슨(2016), 『TED TALKS』, 21세기북스, 105쪽-106쪽 인용.

이나 논문을 인용해 개념을 정의하기도 한다. 청중들의 이해를 좀 더 돕고자 한다면 설명하고 있는 개념을 유사한 개념과 비교하거나 이에 반대되는 개념과 대조하는 방법을 사용하는 것도 효과적이다.

지금까지 살펴본 바와 같이 대상, 과정, 사건, 개념에 대한 프레젠테이션 중에서 어떤 유형으로 프레젠테이션을 구성할 것인가에 대해서는 이를 단 한 가지 유형으로 국한하는 것이 아니라, 설명하고자 하는 것을 어떻게 구성하느냐에 따라 한 가지 이상의 유형으로 다루는 것이 적절하다.

3) 설명형 프레젠테이션의 내용 구성 원칙

어떻게 하면 효과적으로 설명형 프레젠테이션을 할 수 있을까? 이는 설명형 프레젠테이션의 핵심 목적인 '청중에게 정보를 얼마만큼 잘 전달하고 쉽게 이해시키느냐'를 간과하지 않고 기억하면 된다. 설명형 프레젠테이션의 목적을 달성하기 위해 내용 구성의 원칙을 살펴보면 이는 다음과 같다.

- 청중의 이해에 초점을 두어야 한다.
- 구체적으로 설명해야 한다.
- 적당한 양의 정보를 제공해야 한다.
- 중요한 것을 반복해야 한다.

(1) 청중의 이해에 초점을 두어야 한다.

❶ 내용을 명확히 해라.

설명형 프레젠테이션의 목적과 같이 청중에게 정보를 효과적으로 전달하고자 한다면 무엇보다 프레젠테이션의 내용이 명확해야 한다. 명확한 내용 전달을 하기 위해서는 사용된 언어와 용어가 명확해야 한다. 다시 말해 사용하는 어휘나 용어를 쉽고 명확하게 정의해야 하고, 전문 용어는 풀어서 설명해야 이를 명확하게 설명할 수 있는 것이다. 또한 발표자 자신이 주제와 내용에 대해 명확하게 이해하고 있어야 하고, 이와 더불어 내용이 체계적으로 조직되어 있어야 청중에게 명확하게 전달된다. 개별적으로 설명을 할 때보다 청중의 수가 늘어날수록 전반적인 이해력은 낮아지므로 쉽게 설명하려는 세심한 배려를 잊지 말아야 한다. 청중들에게 정보를 명확하게 전달하고자 할 때에는 귀납적인 짜임보다는 연역적인 짜임이 훨씬 더 명료하고 효과적이다. 연역적 조직이란 결론을 먼저 제시하고 그 후에 세부 내용을 논의하는 조직법을 말한다(임태섭, 2010). 연역적 짜임에서 결론을 먼저 말하고 그 후에 그 핵심 부분을 반복하여 말해 준다면 청중들의 이해와 기억을 도울 수 있어 더 효과적일 것이다.

❷ 지나치게 전문적인 내용은 피해라.

설명형 프레젠테이션에서 주제가 전문적인 분야가 아니더라도 설명에 동원된 용어 자체가 전문적일 수 있다. 예를 들어 골프에 관한 설명형 프레젠테이션을 한다면 보기, 웨지, 매치 플레이 등의 골프 관련 용어를 이미 알고 있는 발표자는 무의식적으로 이런 단어들을 사용할 수 있다. 주식에 관련된 발표를 하는 경우 액면가, 비상장주식, 손절매, 선물 등이 바로 발표자가 무의식적으로 사용하는 용어가 된다. 어떤 분야라도 그만의 고유한 전문 용어가 있다. 이미 그 분야에 잘 알고 있는 발표자는 특히나 청중의 유형을 잘 파악하여 그 분야에 대해 통용되는 용어를 어느 정도까지 사용할 것인지를 세심하게 생각할 필요가 있다.

언어는 발표자와 청중이 공감할 때 비로소 힘을 발휘한다. 공감의 힘을 발휘하려면 발표자만 아는 용어와 개념을 사용해서는 안 된다. 전적으로 청중의 언어, 용어로 전달해야 한다. 청중과 공통된 언어, 용어로 전달해야 발표가 힘을 얻을 수 있는 것이다. 비록 청중이 그 분야를 어느 정도 알고 있는 집단이라고 하더라도, 전문 용어 사용 빈도가 높다고해서 그 발표에 대한 신뢰도와 공신력이 높아지는 것은 아니며 오히려 청중을 발표에서 소외시키고 흥미를 잃게 할 수 있다. 또한 청중이 만약 그 분야와 관계

없는 일반적인 대중이라면 새로운 정보를 제공하고 설명할 때 전문 용어는 가급적 피해야 하고, 부득이하게 사용해야 할 경우에는 그 용어에 대해 간단명료하게 설명해야 한다. 그리고 그 용어를 설명했다고 하더라도 이를 반복적으로 풀어서 사용할 필요가 있다.

❸ 청중의 지식 수준에 맞춰라.

효과적으로 정보를 제공하기 위해서는 청중의 지식 수준을 정확하게 파악해야 한다. 청중이 무엇을 알고 무엇을 모르는지를 파악하고 있어야 기존 지식의 토대 위에 새 지식과 정보를 쌓아올릴 수 있기 때문이다. 우리가 새로운 개념이나 정보를 습득할 때에는 기존에 저장되어 있는 지식과 계속 비교, 분석하며 새로운 지식을 받아들인다. 그렇기 때문에 청중이 이미 알고 있는 지식과 정보가 무엇인지 파악하는 것은 매우 중요하다. 만약 청중의 지식 수준을 일괄적으로 규정할 수 없다면 청중을 과대평가해서는 안 된다. 과소평가가 일으킬 수 있는 최악의 부작용은 정보의 중복에 불과하지만, 과대평가는 프레젠테이션을 아예 실패로 이끄는 경우가 많다(임태섭, 2010). 그러므로 전반적인 청중의 지식 정도에 비해 쉽게 설명한다고 생각하고 설명해야 하며 청중의 규모가 커질수록 더 쉽게 설명해야 한다.

(2) 구체적으로 설명해야 한다.

설명형 프레젠테이션은 청중이 잘 모르는 정보나 관심 있는 분야에 대해 좀 더 심화된 정보를 알려 주고 이를 이해시킨다. 청중에게 생소한 내용을 이해시킨다는 것은 청중들이 설명을 들으면서 머릿속으로 그 내용을 그릴 수 있거나 실제로 그 내용을 수행할 수 있다는 것을 의미한다. 그러기 위해서는 설명이 매우 구체적이어야 하는데, 이때 예를 들어 설명하고, 이를 통해 내용을 정리해 주면 내용을 이해하는 것이 훨씬 쉬워진다. 그리고 예를 들 때에는 개인적인 이야기를 하거나 청중들의 경험과 연결시켜 구체화하는 것이 좋다. 개인적인 이야기를 하는 것은 '이야기'의 형식으로 전달되기 때문에 청중의 흥미를 유발시키는 데에도 도움 될 뿐만 아니라(임태섭, 2010) 청중들에게 친근감을 주어서 좀 더 쉽게 이해할 수 있다. 예를 들어 설명하는 방법 외에도 '묘사'를 이용하는 방법이 있는데, 묘사를 이용한 설명은 내용을 좀 더 구체적으로 이해 할 수 있도록 해준다. 묘사란 어떤 사람이나 사건, 생각 등을 생생하고 자세하게 서술하는 것이다. 일반적으로 외부적인 사건에 사용된다고 생각하지만 이는 내면의 감정을 전달할 때에도 사용된다. 프레젠테이션을 할 때 묘사를 사용해 설명한다면 발표에 현실성이 부여되면서 발표가 더욱 생생해지고, 청중들의 관심과 흥미를 내용에 끌어들여 집중도를 높일 수 있다. 설명하거나 묘사를 통해 설명하는 것 외에도 비교와 대조를 이용하는 등 추상적인 내용을 좀 더 구체적으로 만들어서 내용을 좀 더 쉽게 이해하고 기억하도록 할 수 있다.

(3) 적당한 양의 정보를 제공해야 한다.

짧은 발표 시간 안에 너무 많은 정보를 제공하면 청중이 무엇을 이야기하고 있는지를 혼동하거나 이를 지루하다고 느낄 수 있다. 특히 새로운 정보나 지식을 듣는 설명형 프레젠테이션에서는 적당한 양의 새로운 정보와 지식을 제공하는 것이 발표의 승패를 결정짓는 중요한 요소가 된다. 너무 많은 정보를 담아내면 새로운 정보가 지나치게 많아지는 것이 당연하다. 어떤 연구에 따르면 보통 사람이 한 번에 이해할 수 있는 핵심 정보의 수는 7개 정도라고 하니, 적당한 내용을 선택하는 것이 중요하다고 할 수 있겠다. 반면 너무 적은 양의 정보를 제공하면 새로운 정보에 대한 만족도가 떨어질 것이다. 따라서 발표에 포함될 새로운 정보를 효과적으로 취사선택해야 한다. 어떤 자료가 말하고자 하는 목적에 가장 부합되고, 그렇지 않은 것인지를 찾아내야 하는데 여기서 발표 목적을 가장 부각시켜 줄 수 있는 내용을 찾아내는 것도 중요하지만, 그렇지 않은 내용을 과감히 제거하거나 덜어내는 것 또한 프레젠테이션의 내용을 명확하게 하고 목적을 부각시킬 수 있는 좋은 방법이다.

일반적으로 발표자는 무엇이 좋은 내용이고, 어떤 내용을 선택할 것인가를 많이 고민하고 신중히 결정하며, 이를 중요한 과정이라고 인식하고 있다. 하지만 무엇이 말하고자 하는 요점을 약화시키고, 어떤 내용을 빼고 덜어내야 하는지에 대해서는 그리 중요한 과정이라고 인식하지 못하는 경우가 많다. 어떤 내용을 선택하느냐 만큼 어떤 내용을 빼고, 덜어내느냐는 발표의 핵심을 더 강조할 수 있는 중요한 과정이라는 것을 잊지 말아야 한다.

(4) 중요한 것을 반복해야 한다.

프레젠테이션에서는 청중이 내용을 잘 기억할 수 있도록 하는 기술이 필요한데, 바로 반복이 이에 해당된다. 이는 전달하고자 하는 주요 내용을 반복함으로써 강조하는 것이다. 중요한 것을 반복해야 한다는 말은 너무나 당연하기 때문에 굳이 이것을 기억할 필요가 있나 싶지만 실제 프레젠테이션에서 핵심 내용을 반복하는 발표자는 그리 많지 않다. 이처럼 너무 당연해 간과하기 쉬운데, 이 당연한 원칙은 청중들의 내용 이해와 기억을 돕는 가장 효과적인 방법이다. 발표의 핵심 내용을 앞에서 말하고, 마지막에 다시 앞으로 돌아가 반복하거나 본론에서 말한 내용을 정리하면서 이를 반복할 수도 있다. 반복의 효과를 극대화하기 위해서는 반복하려는 말의 속도를 천천히 하거나 목소리 크기를 다르게 하거나 혹은 휴지를 이용해 이를 극대화 할 수 있다. 그러나 반복이 중요하다고 해서 지나치게 여러 번 반복하면 지루하다는 인상을 줄 수 있으니 반복의 정도를 적절히 해야 할 필요가 있다.

4) 설명형 프레젠테이션을 위한 방법

앞에서 언급한 것과 같이 설명형 프레젠테이션에서는 정의, 기술, 묘사, 설명, 분석, 비교와 대조 등의 기법을 자주 사용한다. 이러한 기법들은 청중들이 새로운 것을 쉽게 받아들이게 하며 그것을 잘 기억할 수 있도록 도와 프레젠테이션을 성공적으로 이끈다.

(1) 기술

기술은 어떠한 현상을 '있는 그대로' 서술하는 것이다. 다시 말해 설명하고자 하는 대상이 어떻게 생겼는지, 어떻게 이루어져 있는지를 객관적으로 자세히 서술하는 것이다. 기술은 설명 내용을 구체화하는 데 큰 도움이 된다.

(2) 정의

설명형 프레젠테이션에서는 새로운 개념을 설명해야 할 때가 많은데 이때 주어진 개념이 무엇인지를 명확히해야 할 때 사용하는 기법이 바로 정의다.

정의를 내릴 때는 여러 방법을 사용할 수 있는데, 첫 번째로는 사전적인 정의와 같이 개념의 근본 속성을 설명하는 방법이 있다. 두 번째로는 개념을 구성하고 있는 하위 개념들을 나열해 그 개념을 설명하는 방법이 있는데, 예를 들면 '대중 매체란 신문, 잡지, 텔레비전, 라디오 등을 통틀어 일컫는 말이다.'라고 정의하는 것이다. 세 번째로는 새로운 개념을 다른 개념과 비교하거나 대조해 설명하는 방법이 있다.

세금을 통한 소득재분배

"게으르고 무능하기 때문에 가난한"
"그들의 가난을 우리가 왜 책임져야 합니까?"
"가진 것이 많다고 세금을 더 내라는 게 말이 됩니까?"

이 질문에 여러분은 어떻게 답 하시겠습니까?
대한민국 헌법은 제38조, '모든 국민은 법률이 정하는 바에 의하여 납세의 의무를 진다.'

세금, 세금에 대해서 잠시 이야기 해보려고 합니다. 1000억대 자산가인 철수도 편의점에서 열심히 아르바이트를 하는 영희도 대한민국 국민이라면 법률에서 정한 바와 같이 납세의 의무를 집니다. 그리고 우리는 매일 세금을 내고 있다고 해도 과언이 아닌데요. 친구와 식사를 하고 차를 마시고 영화를 보고, 문구점에서 연필 한 자루를 사더라도 지불한 가격에는 세금이 포함되어 있기 때문이죠.

그런데 여러분은 여러분이 내는 세금이 공평하다고 생각하시나요?

공평의 사전적 의미는 다음과 같다고 합니다. 한쪽의 치우침이 없이 공평한 것. 그렇다면 세금은 어떻게 부담하는 것이 공평할까요? 어떤 사람은 모두가 동일하게 세금을 내는 것이 공평하다고 주장합니다. 또, 어떤 사람은 능력에 따라 차등적으로 세금을 내는 것이 공평하다고 주장합니다. 전자는 수평적공평성을 후자는 수직적공평성을 말합니다.

2017년 세법이 개정되면서 종합소득세율이 4단계 초과누진세율 구조에서 5단계로 개편되면서 40%세율 구간이 신설되었습니다. 이것을 보면 우리 사회의 구성원들은 수직적공평성에 더 많은 가치를 두는 것 같습니다. 그리고 이것은 세금의 기능중의 하나인 소득재분배 기능을 강화하는 것이라고 할 수 있습니다.

소득재분배란 무엇인가요? 세금이라는 수단을 통해 부자인 사람으로부터 가난한 사람에게 이전되는 것을 말합니다. 그러나 소득재분배는 배제할 수 없는 공공재와도 같고 그것은 '개미에게 떼어서 배짱이에게 주는 강요된 기부' 일지도 모릅니다.

'소득재분배는 개미에게 떼어서 배짱이에게 주는 강요된 기부다.'
-경제학자, 레스터 서로우(Lester C. Thurow) -

어느 경제학자의 말처럼 말이죠.

지난 대선에서 우리나라 국민은 19대 대통령에게 바라는 국정우선 과제로 소득재분배를 꼽았습니다. 이것은 빈곤과 양극화를 비롯한 소득불평등이 더 이상 외면할 수 없는 사회문제가 되었다는 것을 반증하는 것이라고 생각합니다.

대한민국은 세계10위의 경제대국입니다. 그러나 불행하게도 소득불평등 지수는 OECD국가 중 최고이고, 조세에 의한 소득재분배 개선효과는 최하위입니다. 그리고 더욱 더 충격적인 사실은 상위1%, 상위10%의 소득점유율은 OECD 국가 중 최고 수준이라는 것입니다. 이렇게 말이죠. 즉, 열 명중 한 명이 가져가는 소득이 나머지 아홉 명의 소득자의 모든 소득을 합친 것과 같다는 것입니다. 세계경제학자들은 경고합니다.

"소득재분배지수가 1% 포인트가 증가할 때 경제성장률은 0.1% 증가. 소득재분배 필요."

-현대경제연구원 (2017년 보고서)

"한국은 외형성장은 상위권, 소득재분배를 하위권. 지속적 발전 위기"

-세계경제포럼 보고서(2015년 보고서)

"한국이 지속적으로 성장하기 위해서는 소득재분배 필수적"

-IMF(국제통화기금) 2014년 보고서

대한민국의 지속 성장을 위해서는 적극적인 소득재분배 정책이 필요하다고 말입니다.

그리고 마지막으로 그림을 한 장 준비했습니다. 여러분은 어느 쪽이신가요? 이 그림은 자본주의의 현실. 아니 우리의 현실을 보여주는 것 같기도 합니다.

"게으르고 무능하기 때문에 가난한 겁니다."
"가난하기 때문에 기회가 없는 겁니다."
"그들의 가난을 우리가 왜 책임져야 합니까?"
"당신들의 부(富)를 만들어준 게 그들이니까요."
"가진 것이 많다고 세금을 더 내라는 게 말이 됩니까?"
"더 내는 게 아닙니다. 당신들이 받은 혜택을 돌려주는 겁니다."

> 끝으로 서두에 제가 제시 했던 질문입니다. 저는 이 질문에 이렇게 답하고 싶습니다.
> 여러분은 마음속으로 어떻게 답하셨나요? 경청해 주셔서 감사합니다.
>
> 『학생 프레젠테이션 발표문』

위의 글은 수업 중에 했던 학생의 프레젠테이션 발표문이다. 이 발표자는 자신의 주장을 펼치기 위해 뒷받침 되는 용어와 개념들을 하나씩 정의 내리며 설명하고 있다. 자신이 주장하고자 하는 바에 핵심적인 부분의 개념을 정의 내려 청중들에게 그 개념을 다시 각인시켜 주고, 전문적인 용어와 개념들을 사전적 정의를 내리므로 해서 설명을 더 명확히 하였다. 청중들에게 낯설거나 불분명한 용어를 단계별로 정의 내려주면서 청중들의 이해의 속도에 맞춰 자신의 발표에 공감할 수 있도록 하고 있다. 정의를 적절히 잘 활용하면 발표의 공신력과 신뢰도를 강화시킬 수 있을 뿐만 아니라 청중들을 배려하고 그들에게 맞춰진 설명이라고 생각해 발표자는 청중들에게 공감과 동의를 얻을 수 있는 프레젠테이션을 할 수 있게 한다.

(3) 분석

어떤 대상이나 현상을 있는 그대로 기술하거나 느낀 대로 묘사한 후, 왜 그런 현상이 일어나는지 그 이면의 것을 설명하는 것이 바로 분석이다. 분석은 객관적인 현상을 설명하기보다는 현상의 원인과 결과, 현상의 속성, 현상의 영향 등을 자세히 설명하는 기법이다. 분석을 할 때에는 일관성을 갖고 논리적으로 해야 한다.

(4) 묘사

묘사는 주어진 대상의 겉모양이나 움직임 등을 주관적으로 그려 내는 기법이다(임태섭, 2010). 묘사는 있는 그대로를 기술하는 것뿐만 아니라 거기에 발표자가 느꼈던 기분, 감정까지 자세히 설명하여 청중들이 생동감을 느낄 수 있게 하고, 또 호기심을 자극하고 흥미를 유발할 수 있게 한다. 따라서 단순한 기술보다는 묘사가 청중들의 관심을 유도하는 데 더 효과적이다. 단, 묘사를 할 때는 대부분 현상에 대한 설명만 자세히 하는데 발표의 생동감을 불어 넣기 위해서는 그 상황에 대한 감정까지도 자세히 묘사해야 그 생생함을 전달할 수 있고, 또 이에 따라 흥미로운 발표가 될 수 있다. 예를 들어 패러글라이딩에 처음 도전했을 때에 대한 두 가지 사례를 비교해 보자.

사례 1

처음 패러글라이딩에 도전할 때는 정말 두려웠어요. 무거운 패러글라이딩 장비를 메고 출발점에 섰을 때는 정말 너무 긴장해서 아무 생각도 나지 않고, 이러한 무모한 도전을 후회했어요. 눈앞에 펼쳐진 아름다운 경치는 전혀 보이지 않고 제 다리는 사시나무 떨 듯 후들후들 떨려 서 있기도 힘들었지요.

사례 2

처음 패러글라이딩에 도전할 때를 생각하면 지금도 그 출발점에 서 있는 것처럼 생생하게 기억납니다. 패러글라이딩 장비를 메기 전까지는 제가 하늘을 날 수 있다는 생각에 너무 설렜는데 막상 장비를 챙겨 입고 그 무게를 느끼니 내가 무슨 짓을 하고 있는 것인가라는 생각과 함께 저 보이지도 않는 나락으로 떨어져 저 세상으로 갈 수 있겠다는 두려움이 찰나에 밀려오면서 지금까지의 제 인생의 모든 장면이 눈앞에 펼쳐지고, 도대체 무엇 때문에 내 소중한 생명을 이 무모한 도전과 맞바꾸려고 한 것인지에 대한 후회로, 여기서 포기하겠다고 소리를 질러야 했습니다. 소리를 질러야 한다는 생각밖에 없었는데 그 소리를 목구멍 밖으로 뱉을 힘조차 나지 않고 제 다리는 땅에 붙어 있는지, 제 몸에 붙어 있기는 한지 모를 정도로 떨려서 바람에도 밀려 나갈 것만 같았어요. 그때 이미 식은땀으로 등 뒤는 다 젖었고 눈앞은 백지처럼 하얗게만 보이고 전 오직 살아 남아야 한다는 생각밖에 나질 않았죠.

사례 1에 비해 사례2는 매우 자세히 상황 묘사를 함으로써 청중들도 마치 패러글라이딩 출발점에 같이 서 있는 것처럼 느낄 수 있고, 그때의 감정을 묘사해 줌으로써 생동감을 더하고 있다.

이처럼 묘사 기법을 사용한다면 청중의 눈앞에 그 상황을 그릴 수 있을 정도로 자세히 설명할 수 있고, 외적인 요소에 대한 묘사뿐만 아니라 감정에 대한 묘사를 해 줌으로써 그 생생함을 더해 청중의 흥미와 관심을 극대화할 수 있다.

(5) 예시

예시는 이해를 돕기 위해 이에 해당되는 것들을 실제적 예를 들어 설명하는 것이다. 예시를 사용한 말하기의 좋은 예는 비유를 하는 것이다. 비유법을 사용할 때는 구체적으로 이해하기 쉽게 설명해야 한다. 이상 기온으로 우박이 내린다는 내용을 전달할 때 '지름이 1.5cm인 우박'이라고 말하기보다는 '탁구공만 한 우박'이라고 비유하는 것이 더 효과적인 예시이다. 사람은 추상적인 것보다 구체적인 것을 더 잘 이해하기 때문에 가능한 한 모든 것을 구체화해 주는 것이 좋다.

(6) 비교와 대조

인간은 정보나 지식을 체계화할 수 있어야 이를 제대로 이해하고 기억할 수 있다. '새'라는 동물에 대해 처음 배운 사람은 이것이 기존에 알고 있던 다른 동물들과 어떻게 다른가를 알아야 새의 진정한 모습을 이해하게 된다. 따라서 어떤 대상을 설명할 때에는 그것이 그와 유사한 또는 관련이 있는 다른 대상과 어떤 측면이 유사하고 어떤 측면이 다른지를 설명해 주는 것이 좋다. 이와 같이 둘 이상의 대상 사이의 유사점에 대하여 설명하는 것을 비교라고 하고, 그 차이점에 대하여 설명하는 것을 대조라고 한다.

프레젠테이션은 발표자가 청중보다 먼저 알고 있는 내용을 얼마나 잘 이해하고 있

느지를 보여 주는 자리가 아니라 모든 프레젠테이션이 그렇듯 청중들과 공감하는 것이라는 것을 잊지 말고, 어떻게 하면 청중들과 공감할 수 있는지, 고민해 보고, 청중들과 공유해 나갈 수 있는 것들을 하나씩 늘려 가며 함께 공감함으로써 프레젠테이션의 힘을 강화시킨다는 사실을 잊지 말아야 하겠다.

4.3 설득형 프레젠테이션

"남을 설득하려고 할 때는 자기가 먼저 감동하고,
자기를 먼저 설득하는 데에서부터 시작해야 한다."
-윈스턴 처칠-

1) 설득형 프레젠테이션이란?

설득이란 다른 사람의 믿음이나 행위를 화자가 의도하는 방향으로 변화 또는 강화, 창조시키는 과정이다. 말하기를 할 때 다른 사람에게 설득력 있게 말할 수 있는 능력을 지니고 있다면 개인적으로는 인간관계에서부터 더 나아가 공동생활, 사회생활에 이르기까지 전반적인 면에서 크게 우위를 점할 수 있다. 설득형 프레젠테이션을 잘하기 위해서는 먼저 설득이 무엇인지를 이해해야 한다.

설득은 일반적으로 하나의 상황에 둘 이상의 견해가 공존하는 상태에서 일어나는 심리학적 과정이다. 예를 들어, 어떤 주제에 대해 화자는 찬성하는 반면에 대다수의 청중은 반대하는 의견을 가지고 있을 수 있다. 또는 화자의 의견에 대해 일부 찬성하거나 특정한 상황에서는 그 의견이 정당화될 수 있다고 생각하는 청중도 존재할 것이다. 양측의 주장이 완전히 반대되거나 또는 다소 차이가 있는 경우에 설득형 프레젠테이션이 필요한 것이다. 그러므로 설득이 이루어지기 위해서는 화자와 청중과의 정신적 대화, 즉 내면적 교감이 효과적으로 꾸준히 실행되어야 한다. 화자가 설득형 프레젠테이션을 구성하는 과정에서는 항상 청중의 입장에서 생각하고, 그들의 반응을 예상해 보면서 이를 준비하는 것이 좋다. 프레젠테이션의 내용뿐만 아니라, 청중이 질문을 제기하고 비판할 모든 부분에 대해 상상하며 답변할 준비를 해야 한다. 또한 그들이 발견할 수 있는 약점에 대해서도 보완해 가며 이를 철저히 파악해야 한다. 청중의 신념, 가치관, 태도에 관한 연구는 물론이고, 여기에 영향을 미치는 심리적, 사회적, 경제적, 문화적 요인에 관한 분석까지 이루어져야 한다(이한라, 2010).

2) 설득형 프레젠테이션의 구성

(1) 설득형 프레젠테이션의 원칙

설득형 말하기는 내가 이야기하고자 하는 주제에 대해 청중이 충분히 이해한 후, 나와 같은 견해를 갖도록 설득하는 것이 목적이다. 그러므로 설득형 말하기는 앞에서 설명한 설명형 말하기에 설득의 과정이 결합된 것으로 볼 수 있다. 이를 바꾸어 말하면, 설득형 말하기에는 이상적인 설명적 말하기가 반드시 전제되어야 한다는 것이다. 그러므로 설득형 프레젠테이션을 구성할 때에는 다음과 같은 원칙을 지키는 것이 중요하다.

❶ 최대한 증거를 활용한다.

일반적으로 사람들은 증거를 신뢰한다. 자신이 갖고 있는 기존의 태도가 아무리 굳건하다고 하더라도, 또 발표자와 아무리 다른 의견을 갖고 있더라도, 만약 부인할 수 없는 정확한 증거가 제시되면 발표자의 말을 수용하지 않을 수 없다. 설득형 스피치를 할 때는 가능한 모든 증거를 활용하는 것이 효과적이다. 선거 연설 또는 고객에 대한 영업용 연설 등 어떤 유형의 연설이든 자신의 주장을 내세우기 위해 이를 뒷받침할 증거를 충분히 준비해야 한다.

증거란 일반적으로 사실(facts), 구체적인 예, 통계 자료, 그리고 증언(testimony) 등 주장을 입증해 주는 자료들을 가리킨다. 먼저 사실이란 실제로 존재하거나 실제로 일어난 사건을 가리킨다. 구체적인 예는 실제로 일어났던 일이나 현실적으로 발생 가능성이 있는 일, 즉 가상적 예를 포괄한다. 통계 자료는 인구 조사, 여론 조사, 연구 조사와 같이 각종 조사를 바탕으로 얻어낸 계량적인 자료를 말한다. 증언이란 다른 사람의 말이나 의견을 인용하는 것으로, 보통 목격자 증언인 '사실 여부'에 대한 증언 또는 전문가의 의견과 같은 '소견' 증언을 가리킨다. 설득형 프레젠테이션을 진행할 때 염두에 두어야 할 원칙으로는 위와 같은 증거를 활용하는 것이 중요하다.

❷ 신뢰성 높은 공신력을 활용한다.

공신력이란 발표자 또는 발표자가 인용한 증거의 출처가 얼마나 믿을 수 있는지를 가리키는 말로, 그 사람의 전문성과 신뢰감에 의해 판단된다. 즉, 지식과 경험이 풍부해서 그 분야에서 인정받는 사람, 정직하며 항상 호의적으로 인정받는 사람, 그리고 자신의 일에 열정적으로 기여한 사람이 주로 높은 공신력을 인정받는 것이 대부분이다. 스피치를 할 때 주로 사용하는 공신력에는 직접 공신력(direct credibility)과 2차 공신력(secondary credibility), 그리고 간접 공신력(indirect credibility)이 있다.

먼저 직접 공신력은 발표자 자신이 그대로 지닌 공신력을 가리킨다. 설득 스피치를 하는 발표자는 가장 먼저 청중에게 자신의 공신력을 주지시켜야 하고, 이를 스피치에 이용할 줄 알아야 스피치가 효과적으로 진행될 가능성이 높다. 그러기 위해서는 주제에 대한 발표자의 경험 및 지식과 열정을 강조하여 전문성을 각인시키는 것이 좋다. 자신의 소신 있는 의견과 발표에 대한 열정, 그리고 청중에 대한 호의적인 태도를 통해 청중에게 신뢰감을 먼저 쌓은 다음에 발표자의 성의를 보이는 것이 효과적이다. 발표자가 단순히 공신력을 높이기 위해 무작정 자기 자랑만 한다면, 청중은 오히려 발표자와 라포르(rapport)가 형성되지 않아 신뢰감이 쌓이지 않게 된다. 그러므로 공신력을 강조할 때는 항상 청중에게 조심스러운 태도로 겸손하게 다가가는 것이 좋다.

2차 공신력이란 발표자 자신이 아닌 제3자가 지니는 공신력으로, 주로 발표 중에 사용하는 자료의 공신력을 말한다. 스피치를 발표자 자신의 말로 모두 구성하기는 어려우므로 틈틈이 기존 통계나 자료, 또는 다른 사람의 의견을 인용하는 것이 효율적이다. 이때 그 의견이나 자료를 제공한 출처의 공신력을 2차 공신력이라고 한다. 2차 공신력을 활용할 때에는 청중이 관심 있거나 평소에 신뢰를 갖고 있는 정보가 무엇인지, 또는 권위 있는 정보원이 누구인지를 파악해 보는 것이 좋다. 그래야 발표자가 제시하는 증거를 청중이 객관적으로 수용하고 인용할 수 있기 때문이다.

마지막으로 간접 공신력이란 발표자가 직접 스피치를 통해 주지시키는 공신력이 아니라 실제 행동을 통해 간접적으로 보여 주는 공신력을 말한다. 즉, 스피치를 하는 과정을 통해 발표자의 깊이 있는 지식을 자연스럽게 보여 주고 호의적인 태도를 나타낼 때 드러나는 공신력이다. 감정에 얽매이지 않고 논리적으로 증거와 사실을 바탕으로 한 논증을 통해 내용을 전개하고, 청중이 쉽게 이해할 수 있도록 체계적인 내용을 구성한다면 청중은 발표자의 전문성을 높이 평가하게 된다. 또한 객관성을 유지하기 위해 발표자가 청중에게 진정성 있는 태도로 다가간다면 발표자의 신뢰성 또한 강화될 것이다.

❸ 청중의 욕구에 초점을 맞춘다.

효과적으로 설득을 하기 위해서는 청중의 욕구에 초점을 맞추는 것이 필요하다. 청중이 원하고 있는 바를 미리 파악하여 이를 집중적으로 공략하면 청중은 쉽게 설득당하기 마련이다. 심리학자 매슬로우(Maslow, 1954)에 의하면 인간은 '생리적 욕구', '안전에의 욕구', '사랑에의 욕구', '자존 욕구', '자아실현 욕구'의 다섯 가지 욕구를 가지고 있다. 대부분의 사람들은 이를 한꺼번에 충족시키는 것이 아니라 단계별로 하나씩 충족시키고자 한다. 그러므로 청중이 원하는 욕구를 파악한다면 설득을 어떻게 해야 하는지에 대한 방향도 좀 더 쉽게 정할 수 있을 것이라고 여긴다.

❹ 절대 서두르지 않는다.

다른 사람을 설득할 때는 절대 서두르지 않는 것이 가장 중요하다. 처음부터 한꺼번에 모두 이루겠다는 성급한 마음으로 설득을 시작하면 자신의 의도와 달리 무리한 방법을 사용하게 되어 좋은 결과를 얻지 못한다. 따라서 되도록 상대에 대한 비난은 금하는 것이 좋고, 발표자의 주장을 이야기할 때도 청중의 생각과 유사한 부분에서부터 출발해서 조금씩 자신의 의견으로 이동하는 점진적인 접근법을 사용하는 것이 효과적이다. 상대방의 태도를 과감히 한 번에 바꾸려고 하거나 그의 과오를 지적하게 되면 상대방은 반감을 갖게 되므로 더 빗나가게 된다. 또한 반드시 설득을 해야겠다는 강박감에 빠져서 거짓말을 하는 것은 절대 안 된다. 자칫 잘못하여 공신력을 잃게 될 경우, 청중은 더 이상 그 사람의 발표를 신뢰하지 않게 된다. 마지막으로, 설득을 서두르는 것은 절대 삼가야 한다. 설득을 서두르다가 상대방에게 불필요한 양보를 조금씩 하게 된다면 자신의 설득이 성공하더라도 100% 성공한 설득이라고 말하기 어렵게 될 수 있다.

(2) 설득형 프레젠테이션의 내용 구성

설득형 프레젠테이션은 다른 유형의 프레젠테이션과 달리 그 결과의 성공 여부에 대해 비교적 명확히 알 수 있다. 프레젠테이션의 성공 여부는 청중의 공감이나 프레젠테이션 이후 청중의 태도 변화를 통해 파악되기 마련이다. 그러므로 다른 유형보다 설득형 프레젠테이션의 내용 구성을 보다 철저하게 살피고 이를 꼼꼼히 조직하는 것이 필요하다.

❶ 어떤 주제에 대해 찬반을 주장할 경우

이 경우에는 일반적으로 발표의 도입부에서 자신의 '주장'을 강하게 명시한다. 주장을 강하게 피력한 후에 그 주장을 뒷받침하는 논거를 제시하게 되는데, 이처럼 도입부에서 자신의 입장을 주장하게 되면 청중이 이후의 논거를 판단하는 데 명쾌한 기준이 부여되므로 청중의 집중도와 이해도를 높일 수 있다는 장점이 있다. 논거를 제시할 때에는 여러 가지 자료를 이용한다. 이 경우, 자료에 대한 신뢰도를 바탕으로 한 충분한 설명이 이루어져야만 논거에 대한 타당성을 입증할 수 있다. 사람들이 기존에 지니고 있던 태도나 가치관이 아무리 강하더라도 객관적으로 부인할 수 없는 증거가 나타나면 설득당하기 마련이다. 객관적인 정보를 바탕으로 한 증거 자료를 활용하는 것이 청중들의 흥미를 유도하는 데 가장 효과적이다.

발표 주제	인터넷 실명제는 필요하다.
핵심 개념	개인 정보 유출 문제와 건전한 인터넷 문화 수립을 위해 실명제는 반드시 이루어져야 한다.
주요 논점	1. 개인 정보 유출 사건이 빈번하게 발생하며 이는 금전적 손해나 범죄로 악용되는 경우가 많다. 2. 무차별적으로 쓰인 글 때문에 정신적 피해를 입는 사람이 많으므로, 가상 공간에서도 예절이 필요하다.

❷ 어떤 주제에 대해 자신의 주장을 나타내는 경우

주제별 말하기는 일반적으로 어떤 문제가 존재하고, 그 문제의 원인을 분석한 후 이를 해결하고자 하는 구성으로 이루어진다. 일반적으로 설명적 말하기와 설득적 말하기를 포함하고 있다. 따라서 이 프레젠테이션의 도입 부분에서는 주제의 정의를 바탕으로 관련 내용에 대한 충분한 설명을 해 주어야 한다. 그 다음으로 대개 그 문제에 대한 방안이나 해결 방법이 후반부에 나타나므로, 이 프레젠테이션의 핵심은 주로 후반부에 존재하게 된다. 그러므로 마무리를 간단히 요약해서 제시하기보다는 청중의 기억 속에 남을 만한 강렬한 언급을 남기는 것이 효과적이다. 결국 도입에서 주제에 대한 충분한 설명이 이루어져야만 전달이 효과적으로 이루어질 것이며, 그를 통해 상대방을 설득할 수 있는 기반을 마련해야 한다. 또한 중요 내용을 다시 한 번 강조하는 등의 방법으로 발표의 마무리를 충실히 해야 상대방을 설득할 수 있다. 그러므로 '화제 도입 – 이유 제시 – 현재 상황 – 문제점 제시 – 이유 강조 – 주장 마무리'의 순서로 구성하는 것이 좋다.

발표 주제		음주 가능 연령을 상향시켜야 한다.
발표 과정	화제 도입	최근 대학 신입생 오리엔테이션에서 있었던 음주 관련 사건을 제시
	이유 제시	음주 가능 연령을 상향시킬 경우 이러한 사건을 미연에 방지 가능
	현재 상황	음주 가능 연령이 사회적으로 책임질 수 있는 나이보다 다소 낮음
	문제점 제시	정신적 판단 기준 또는 가치관이 형성되지 않은 경우 음주 관련 사고들이 일어날 가능성이 높음
	이유 강조	음주가능 연령을 상향시킬 경우, 성인이 된 후에 스스로 음주에 대해 판단할 수 있는 시간을 확보할 수 있음
	주장 마무리	제시했던 이유를 바탕으로 음주 가능 연령을 상향시켜야 한다는 점을 다시 강조

(3) 설득형 프레젠테이션의 유형

설득형 프레젠테이션은 크게 세 가지 유형으로 구분할 수 있는데, 사실 문제에 대한 설득, 가치 문제에 대한 설득, 정책 문제에 대한 설득이 이에 해당된다.

❶ 사실 문제에 대한 설득

사실 문제란, 특정 주장의 진위에 대한 문제를 말한다. 이는 정보를 제공하는 설명형 프레젠테이션과 다소 유사한 것처럼 보일 수 있지만 실제로는 그렇지 않다. 정보를 제공하기 위한 설명형 프레젠테이션이 중립적으로 내용을 전달하는 것이라면, 사실 문제에 대한 설득에서는 일정한 방향으로 특정 견해를 지지하며 그 의견을 설득력 있게 제시하며 주장한다.

발표 주제	우리나라도 더 이상 지진 안전지대가 아니다.
핵심 개념	실제로 최근 3년 이내에 우리나라 전역 곳곳에서 지진이 발생했다는 증거가 속속 나타나고 있다.
주요 논점	1. 우리나라에서는 지진으로 인한 인명 피해가 거의 발생하지 않았다. 2. 2016년 경주 지진을 중심으로 그 일대 여진이 지금까지 지속되고 있다.

❷ 가치 문제에 대한 설득

가치 문제란, 특정 생각이나 행동의 가치를 말한다. 더 나아가 올바름이나 도덕성 등에 대한 문제도 포함할 수 있다. 특정한 생각에 대해 화자가 갖고 있는 의견으로 청중을 설득하는 것이다. 청중을 설득하기 위해서는 여러 가지 주장으로 그 생각을 정당화시키는 과정이 필요하다. 화자가 가지고 있는 가치에 대한 의견에 적절한 판단 기준을 세우고, 그 기준이 그러한 가치를 어떻게 표현할 수 있는지를 제시하는 것이 좋다. 먼저 주요 논점에 대해 자신의 가치 판단에 대한 기준을 세운 후, 그 기준을 설득 주제에 적용하는 방법의 순서대로 설득을 진행한다.

발표 주제	안락사는 도덕적으로 잘못된 행위이다.
핵심 개념	안락사는 인간의 존엄성을 무시한다.
주요 논점	1. 안락사 시행의 기준을 인간이 명확하게 세울 수 없다. 2. 안락사는 인간의 존엄성을 무시하며, 이는 상업적인 목적에 사용될 수 있다.

❸ 정책 문제에 대한 설득

정책 문제는 특정한 행동이 이루어져야 하는지 그 여부에 대한 질문이다. 이는 일상생활에서 무엇을 사용할 것인지의 선택 문제에서부터 시작해서 정치적인 찬반 의견이나 국가적 정책에 대한 의견에까지 나아갈 수 있다. 그리고 그 문제가 실행되어야 하는지 아닌지 그 여부에 대해 결정하도록 설득한다. 앞에서 제시한 사실이나 가치 문제에 대한 설득보다 청중을 효과적으로 설득하는 것이 가장 중요하다. 그러므로 정책 문제가 무엇인지 파악하는 것이 기본적으로 가장 우선시되어야 한다. 그 정책에 대한 파악이 이루어진 후에는 그것이 갖고 있는 문제의 심각성이나 현재 상황 등을 보여 주고, 더 나아가 그 문제를 해결할 수 있는 해결책을 제시하는 것이 좋다. 해결책을 구체적으로 제시하기 어렵다면 그 문제가 나아갈 방향 정도라도 밝혀 주는 것이 효과적이다.

발표 주제	공동 주택에서는 흡연을 금지해야 한다.
핵심 개념	공동 주택은 여러 사람이 같이 생활하는 공간이므로 다수의 건강을 위해 흡연을 금지해야 한다.
주요 논점	1. 현재 공동 주택에서의 흡연으로 많은 이웃들이 갈등을 겪고 있다. 2. 흡연은 흡연자보다 비흡연자에게 악영향을 미친다는 연구 결과가 있다.

3) 설득형 프레젠테이션을 위한 방법

백미숙(2006)에서는 인격적 호소에서는 화자의 능력, 인품, 열정이 중요하다는 것, 그리고 정서적 호소에서는 감정을 자극하거나 욕구를 충족시키는 것이 필요하다고 주장하였다. 마지막으로 이성적 호소에서는 추론과 논증의 과정을 통해 설득을 할 수 있다는 것을 제시하였다. 실제로 이러한 설득의 기술은 마무리 단계에서 '기억에 남는 언급'을 통해 제시되는 경우가 많다.

(1) 보답 기법

보답 기법은 일반적으로 사람들이 'give and take'와 같은 '상호성의 원칙'을 중요하게 생각한다는 점에서 비롯되었다. 상대방에게 미리 선심을 베푼 후에 자신이 원하는 때에 그에 대한 도움을 요청하는 기법이다. 반드시 상호 간의 호감이 있어야만 이루어지는 것은 아니다. 싫어하는 사람이 호의를 베풀어도 흔히 사람들은 이를 보답해야 한다는 의무감을 갖고 있기 때문에 보답은 대체로 이루어진다. 하지만 처음부터 보답을 바라고 호의를 베푼다는 점에서 계산적이라는 느낌을 줄 수 있으므로 이를 주의하는 것이 필요하다. 그러므로 한두 번 정도는 효과를 볼 수 있지만 장기적으로 사용하기는 어렵다.

> **예** 선거에서 후보자들이 공약을 내세운 후에 후보자들의 지지를 바라는 것과 같은 경우

(2) 양보 기법

양보 기법은 먼저 상대방이 받아들이기 힘들어할 것 같은 무리한 요구를 한 후에 상대방이 이를 거부하려고 할 때 양보하는 척하면서 보다 현실적인 요구를 제안하는 기법이다. 사실 마지막으로 요구하는 최소한의 요구가 본래 발표자가 설득하려고 하는 요구일 가능성이 높다. 처음에 제시하는 큰 요구는 상대방이 본래의 요구를 받아들이게끔 만들기 위한 장치에 불과하다. 이 기법 또한 상호성의 원칙을 전제로 이루어지며, 현실적인 최종 요구를 수용하는 것이 전자의 요구보다 자신에게 유리하다고 생각하기 때문에 이는 받아들여진다. 하지만 가장 중요한 것은 처음에 요구하는 것의 크기를 적절하게 결정해야 한다는 것이다. 실제로 요구하는 것보다 크면 좋지만 터무니없이 크다면 상대방이 완전히 거부할 수 있기 때문이다. 상대방이 수용할 만한 적당한 크기의 요구와 의무감, 그리고 흥미를 느낄 수 있을 정도의 요구를 제안하는 것이 좋다.

> **예** 청소년을 대상으로 청량음료 판매 제한에 대한 법을 시행할 것을 주장하는 경우, 청량음료 판매 금지를 전면적으로 주장한 다음에 단계별로 시작할 수 있는 방안을 제시한다. 예를 들면, 밤 8시 이후에는 청량음료를 판매하지 못한다는 시간적 제한이나 교내 또는 학교 근처 10km 이내에서는 판매하지 못한다는 거리적 제한을 주는 방법을 제안할 수 있다.

(3) 침투 기법

침투 기법은 양보 기법과 정반대의 접근법으로, 처음에는 작은 요구로 시작해서 이를 수락하게 만든 다음에 점진적으로 요구의 크기를 늘려 나가는 것이다. 청중에게 작은 설득부터 받아들이게 한 다음에 청중이 이를 자발적으로 받아들이고 나면, 처음보다 더 적극적인 요구를 해도 쉽게 수락할 가능성이 높다.

> **예** 세계문화유산 보호 캠페인에 참여할 것을 요구할 경우, 먼저 작은 서명 운동부터 동참하게 만든다. 그 후에 서명을 하고 나면 세계문화유산 보호에 대한 자금 모금에 기여할 것을 요구한다.

(4) 성공 사례 모방 기법

성공 사례(social proof principle) 모방 기법은 사람들이 갖고 있는 모방과 안정적 욕구를 통해 무언가를 손쉽게 설득하고자 하는 것이다. 대부분의 사람들은 모험보다 안전을 선호하기 때문에 다른 사람들의 성공 방식에 흥미를 가진다. 특히 결정력이 높지 않은 사람들은 다른 사람이 하는 대로 따라 하려는 심리가 강하기 때문에 이 기법을 효과적으로 사용할 수 있다.

> **예** 학생들의 조기영어교육에 대해 반대할 경우, 조기영어교육을 하지 않고도 영어를 유창하게 할 수 있는 대표적인 사례를 통해 이를 설득한다.

(5) 일관성의 법칙 기법

일관성이란 두 개 이상의 요인이 서로 일치하는 정도를 말하는데, 사람들은 누구나 일관성을 중시한다(Heider, 1958). 대부분 말과 말 사이, 말과 행동 사이 또는 태도나 가치관들 사이, 태도나 가치관과 행동 사이의 일관성이 일치해야 편안함을 느낀다. 특히 교육적 수준이 높을수록 일관성을 유지하려는 욕구가 강하므로 학습적 수준이 높은 사람들을 설득할 때 이 기법을 사용하는 것이 좋다.

일관성의 법칙을 심리적으로 활용하는 방법으로는 자발적으로 태도 변화를 유도하는 방법과 먼저 약속을 한 후에 이를 지키게 하고자 압박하는 방법 두 가지가 있다. 먼저, 자발적인 태도 변화를 유도하는 방법은 우선 피설득자로 하여금 자신의 평소 신념이나 태도에 어긋나는 행동을 하게 함으로써 그 비일관성으로 인한 인지적 부조화(cognitive dissonance)를 겪도록 한다(Festinger, 1957). 그리고 인지적 부조화가 발생하면 피설득자는 여러 가지 방법을 사용하여 이러한 상황을 상쇄시킨다. 결국 태도와 행위 두 가지 가운데 하나를 변화시켜 일관성을 회복하게 되는데, 위의 예시처럼 행위는 이미 발생했으므로 대부분 태도를 변화시킨다. 약속을 한 후에 이를 지키도록 압박하는 두 번째 방법은 비교적 단순하게 이루어질 수 있으며, 이때 상대방이 자발적으로 약속을 하고 이를 성실하게 지키도록 하는 것이 중요하다.

> **예** 반려동물 보호에 대한 프레젠테이션을 진행할 경우, 먼저 청중들이 대체적으로 동물을 좋아하며 너그러운 성향을 지니고 있다는 사실을 전제로 한다. 청중들에게 반려동물을 보호해야 한다는 점을 주지시키며 그들에게서 반려동물에 대한 서명 또는 모금을 하겠다는 약속을 받아 내는 것이 좋다.

(6) 권위 이용 기법

일반적으로 사람들은 권위에 약하며, 설득에서 권위를 활용하는 방법으로는 직접적인 방법과 간접적인 방법이 있다. 직접적인 방법은 자신 또는 다른 권위 있는 사람의 공신력을 이용하는 것이고, 간접적인 방법은 발표자의 직책, 복장, 소유물, 말투 등을 통해 발표자가 권위 있는 사람이라는 것을 보여 줌으로써 피설득자를 압도하는 방법이다(Cialdini, 1988). 그렇다고 해서 비싸고 화려한 복장을 말하는 것이 아니라 전문적으로 권위 있는 사람들이 입는 옷, 예를 들어 제복이나 전문직들의 고유 복장 또는 고위 관리직들의 짙은 색 양복 등과 같은 것을 통해 권위를 돋보이고, 이에 따라 자연스럽게 상대방을 압도하게 된다.

> **예** 프레젠테이션을 할 때 직업적 전문성을 알려 주기 위해 대중이 잘 알 수 있는 제복을 입고 나가는 경우 또는 회사의 직책을 소개하면서 발표자가 회사 내에서의 위치를 표현하는 경우

(7) 욕구 공략 기법

상대방의 욕구를 집중적으로 공략하는 기법은 청중이 무엇을 원하고 있는지를 정확하게 파악하는 것이 무엇보다 중요하다. 청중의 욕구를 포착함으로써, 만약 발표자의 의견을 따르면 이를 자연스럽게 성취할 수 있다고 충고하거나 호소하며 설득하는 방법이다.

> **예** 더 많은 일자리가 창출되기를 원하는 유권자들을 대상으로 프레젠테이션을 진행할 경우, 경제적 활성화와 취업률 증가를 중심으로 연설을 진행하는 것이 좋다.

(8) 공포 충격 기법

상대방에게 두려움, 더 나아가 공포를 일으킬 수 있는 충격적인 상황이 일어나지 않게 하려면 발표자의 의견을 따라야 한다고 주장하는 기법이다. 다만, 청중에게 초반부터 너무 많은 겁을 주면 설득이 실패할 수도 있다는 의견이 있었는데, 최근 연구에 의하면 공포감이 높을수록 설득 효과가 더욱 높아진다는 사례가 많다.

> **예** 음주와 건강의 관계에 대한 프레젠테이션을 진행할 경우, 프레젠테이션의 초반에 '지금처럼 술을 계속 마시면 몇 년 안에 죽음에 이를 것이다.'와 같은 극단적인 표현을 사용하는 것.

(9) 한국 고유의 체면의식 이용 기법

일상생활에서 체면이 차지하는 비중이 상당하기 때문에 대부분의 사람들은 체면에 대해 민감하게 반응한다. 자신의 체면이 손상되는 것을 싫어하며 자신의 체면을 세우기 위해 불이익을 감수하는 경우도 있다. 이러한 체면의식을 잘 활용하면 사람을 쉽게 설득할 수 있다.

한국인의 체면은 치신, 인품, 품위, 역량 그리고 성숙*이라는 다섯 가지 요소로 구성되어 있다(임태섭, 1994).

> **예** 프레젠테이션을 진행할 때 청중의 체면을 손상시키지 않도록 이 프레젠테이션의 목적이 '사회적 규범'에 적합하게 행동하는 것임을 이야기하는 경우

- 한국인의 체면은 다섯 가지로 구성되는데, 그 구성은 다음과 같다. 먼저 치신은 겉으로 드러나는 몸가짐이나 행동거지가 얼마나 바람직한가를 가리키는 것으로서 '채신, 처신 또는 치신'이라고 불리기도 한다. 인품은 그 사람의 됨됨이가 얼마나 바람직한가를 가리키는 말이다. 품위는 그 사람의 사회적 또는 경제적 지위를 반영한다. 역량이란 개인적으로 갖추어야 할 지식이나 자질보다는 사회적으로 입증된 능력, 다시 말하면 사회적인 인정이나 성공을 통해 입증된 능력을 말한다. 마지막으로, 성숙이란 한 사람의 성인으로서 갖춰야 할 기본적인 조건을 의미한다(임태섭, 2014).

(10) 예방 기법

흔히 사람들은 설득형 프레젠테이션을 할 때 발표자가 설득에 유리한 정보만을 알려 줘야 한다고 생각하지만, 실제로는 그렇지 않다. 다른 사람을 통해서 쉽게 알 수 있는 단점이라면 스스로 말하는 것이 더 효과적이다. 단점을 묘사하는 사람의 관점이나 방법에 따라 그 단점이 다르게 표현될 수 있기 때문이다. 그렇다고 해서 발표자의 단점이나 경쟁자의 장점에 대해 자세히 이야기하기보다는, 자신에게 불리한 내용을 이야기할 때 '예방을 한다'는 차원에서 밝히지 않을 수 없는 것만 밝히면 된다(Petty & Cacioppo, 1981).

> **예** 선거 연설에서 경쟁 후보자가 알고 있는 발표자의 단점을 스스로 미리 유권자들에게 공개하는 경우

4) 설득형 프레젠테이션에서 고려해야 할 요소

설득형 프레젠테이션은 다른 프레젠테이션보다 청중과의 긴밀한 관계를 형성하는 것이 매우 중요하다. 하지만 모든 청중을 한꺼번에 설득하는 것은 무리이므로, 이때 '표적 청중'이라고 하여 청중 중에서 특정 일부만을 우선 목표로 삼고 이들을 설득하는 방법으로 나아가는 것이 효과적이다.

(1) 청중의 태도

프레젠테이션을 진행하면서 청중의 태도, 즉 프레젠테이션을 좋아하거나 싫어하는 정도의 강도가 어느 정도인지를 틈틈이 확인하는 것이 필요하다. 좋아하면 긍정적이고 호의적인 태도를 형성하는 반면에 싫어하면 부정적이고 적대적인 태도를 형성할 수 있다.

대부분 한결같은 태도를 유지하지 않으므로 이를 꾸준히 확인하는 것도 중요하다.

일반적으로 청중들은 프레젠테이션이 시작되기 전에 이미 발표자에 대한 어떠한 태도를 지니고 있기 마련이다. 예를 들면 발표자의 전공, 학교, 회사, 단체와 같이 발표자가 소속한 집단을 통해서 그를 바라보는 태도가 형성될 수도 있다. 또는 프레젠테이션의 주제에 대해 어떤 태도를 지닐 수 있고, 발표자가 주장하려고 하는 의견이나 아이디어에 대해 어떤 태도를 지닐 수 있다. 청중의 모든 태도를 자신에게 유리하도록 설득하는 것은 불가능한 일이다. 자신의 프레젠테이션 목적을 성취하기 위해 반드시 형성해야 할 청중의 태도가 무엇인지를 결정한 후에 그것을 중심으로 공략하는 것이 효율적이다.

(2) 청중의 신념

신념은 발표자의 주장을 바탕으로 청중이 사실에 대해 그것이 진실인지 허위인지 판단을 내리는 것을 의미한다. 주로 발표자의 의견이나 아이디어에 대한 신념을 청중이 어떻게 받아들이는지를 살펴보는 것이 중요하다. 발표자와 청중의 신념이 비슷할 수도 있고 상반될 수도 있으므로, 이를 설득하기 위한 여러 가지 방법을 고안하는 것이 필요하다.

(3) 청중의 가치관

가치관은 신념이나 태도에서 더 나아가 더 광범위한 대상에 대해 그것이 바람직한지 아닌지를 판단하게 하는 내적 지식 체계를 말한다. 가치관은 태도나 신념보다 더 포괄적인 범위로 형성되기 때문에 한 번 형성되면 바꾸기가 쉽지 않으므로 청중의 가치관을 설득하는 것은 태도나 신념을 바꾸는 것보다 더 어려운 일이다. 하지만 상대방의 가치관을 바꿀 수 있다면, 그에 따른 신념, 가치관, 행동은 순차적으로 바뀌게 되므로, 가치관을 공략하는 것은 비록 어렵지만 효율적이다.

5) 설득형 프레젠테이션의 장애 요소

일반적으로 설득은 상대방이 갖고 있는 태도, 신념, 가치관을 발표자가 원하는 방향으로 강제로 변화시키려고 하는 것이므로 매우 어렵다. 왜냐하면 이를 바꾸려고 할 때 이에 저항하는 여러 가지 장애 요소가 발생하기 때문이다.

(1) 청중의 선택적 수용 태도

일반적으로 사람들은 남의 말을 그대로 받아들이지 않으며 쉽게 흥미를 잃는다. 또한 누구의 이야기를 들을 것인지, 그 이야기의 어떠한 부분에 집중 또는 수용할 것인지에 대해 자의적으로 선택하여 해석하게 된다. 이러한 경향을 선택적(selectivity) 수용이라고 하는데, 이는 주로 청중의 기존 태도와 신념을 바탕으로 형성된다. 자신의 기존 태도나 신념과 반대 성향을 가진 발표자의 말은 주로 듣지 않으려고 하며, 듣더라도 자신에게 이로운 부분만 선택적으로 수용하는 경우가 발생하게 된다. 따라서 아무리 좋은 프레젠테이션이라도 청중에게 선택되지 않는다면 소용이 없으므로, 청중이 흥미를 갖고 선택적으로 수용할 수 있도록 효과적인 프레젠테이션을 만드는 것이 중요하다.

(2) 발표자와 청중 사이의 괴리감

상대방의 의견을 수용할 것인지에 대한 여부는 그 주장이 자신의 생각과 얼마나 차이점을 가지고 있는지에 따라 결정된다. 대부분의 경우 상대방의 의견이 자신의 생각과 비슷하면 이를 쉽게 수용하지만, 자신의 의견과 큰 차이가 있으면 거부감을 갖는다. 이 둘의 중간 위치에 있을 때는 상황에 따라 받아들일 수도 있고 거부할 수도 있다(Sherif & Hovland, 1961 ; Sherif & Sherif, 1967).

어떤 문제가 주어졌을 때, 사람마다 그 사안에 대해 수용 영역(latitude of acceptance)과 거부 영역(latitude of rejection), 그리고 중립 영역(latitude of noncommitment)을 갖게 된

다. 그리고 그 문제가 수용 영역에 들어오게 되면 일반적인 것보다 더 가깝게 생각하게 되지만, 거부 영역에 들어가면 무조건 확대 해석해서 거부하는 경향이 있다. 일단 수용 영역에 들어오게 되면 쉽게 설득되지만, 이와 달리 거부 영역에 들어가면 거의 설득당하지 않는 것이 일반적이다. 중립 영역은 설득이 불가능한 상황은 아니지만, 그렇다고 해서 수용 영역처럼 설득이 쉬운 것도 아니다. 충분한 증거와 효과적인 설득 기법을 바탕으로 이루어져야만 비로소 설득이 가능하다. 설득형 프레젠테이션을 성공적으로 하기 위해서는 되도록 수용 영역이나 적어도 중립 영역에서 청중이 발표자와 동질감을 느껴 라포르를 형성할 수 있도록 해야 한다.

(3) 청중의 이해관계 문제

일반적으로 사람들은 자신의 이해관계와 상관없는 일에는 자유롭게 의견을 제시하지만, 이해관계가 얽혀 있는 경우에는 매우 날카로워지는 경향이 있다. 즉, 자신의 태도와 신념이 명확하면 발표자의 의견을 수용할 수 있는 가능성이 낮은 반면에 불명확한 경우에는 그만큼 수용하기가 쉽다는 것이다. 청중의 이해관계가 깊이 얽혀 있는 문제에서는 그들의 태도나 신념을 쉽게 바꾸려 하는 것이 오히려 역효과를 일으켜 설득을 거부하는 문제가 발생할 수도 있다.

(4) 청중의 반항적 감정

사람들은 일반적으로 누군가가 자신의 생각이나 행동을 통제하려고 할 경우, 이에 무작정 반대하거나 반발하려는 심리가 있다. 설득형 프레젠테이션에서 조심해야 할 부분은 바로 청중을 비난하거나 그들이 원하지 않는 특정한 행동을 강압적으로 시키지 말아야 한다는 것이다. 청중이 반발하게 되면 오히려 설득하려는 방향과 정반대로 행동하려 하므로 이를 조심하는 것이 좋다.

생각해 보기

다음에 링크된 "TED"의 내용을 이용하여 스토리텔링 프레젠테이션, 설명형 프레젠테이션, 설득형 프레젠테이션을 만들어 보십시오.

스토리텔링 프레젠테이션 〈스트레스 바라보기〉

1. 스트레스에 대한 관점의 변화 – 직장 내 최근 경험 소개

2. 스트레스 관리 방법 – 나만의 방법 만들기

3. 새로운 관점 강조

"스트레스를 친구로 만드는 법"
Kelly McGonigal

설명형 프레젠테이션 〈피할 수 있다면 피해라〉

1. 스트레스의 종류
2. 스트레스에서 벗어나는 방법   - 음악 감상, 음미하듯이
                              - 거울을 보며 위로
                              - 극약 처방
3. 스트레스를 피할 수 있는 방법 (결론)

설득형 프레젠테이션 〈스트레스, 건강을 저해하는 요소인가?〉

1. 스트레스는 극복해야 한다?

2. 삶의 동반자인 스트레스

3. 스트레스와 더불어 살아갈 수 있는 방법을 찾아야 한다.

유형별 프레젠테이션 구성

스토리텔링 프레젠테이션

여러 사람이 같은 경험을 하더라도 그 사건, 물건 또는 사람에 따라 이를 다르게 판단할 수 있다. 왜냐하면 자신이 본 물건의 방향이나 각자의 가치관, 과거의 경험 등 여러 요인에 의거하여 판단을 내리기 때문이다.

발표자의 경험과 그 사고 과정, 결과를 통해 청중에게도 그러한 사항의 해법, 지혜를 얻을 수 있는 기회를 제공한다.

설명형 프레젠테이션

발표자가 프레젠테이션의 주제, 대상, 원리를 청중에게 설명하면서 청중들에게도 이러한 과정들에 대해 생각해 볼 수 있는 기회를 제공한다.

발표자는 구체적으로 설명을 이끌어내야 하고, 청자의 이해가 제대로 이루어졌는지 그 여부가 이 프레젠테이션의 핵심이다. '프레젠테이션의 유익성, 정보 이해의 용이, 활용 가능성' 등을 통해 프레젠테이션의 성공 여부를 평가할 수 있다.

설득형 프레젠테이션

프레젠테이션의 주제, 목표를 이루기 위해 청중의 의견을 설득하는 것을 목표로 한다. 이때 청중이 기존에 가지고 있는 사고방식이나 의견이 발표자와 같거나 다를 수 있다. 의견이 같을 경우에는 설득하기가 좀 더 수월하지만, 다를 경우에는 청중이 기존에 가지고 있는 의견을 바꿀 수 있도록 보다 구체적인 증거, 자료들을 총동원하여 설득하는 것이 효과적이다.

제5장

프레젠테이션 발표
비언어적 표현

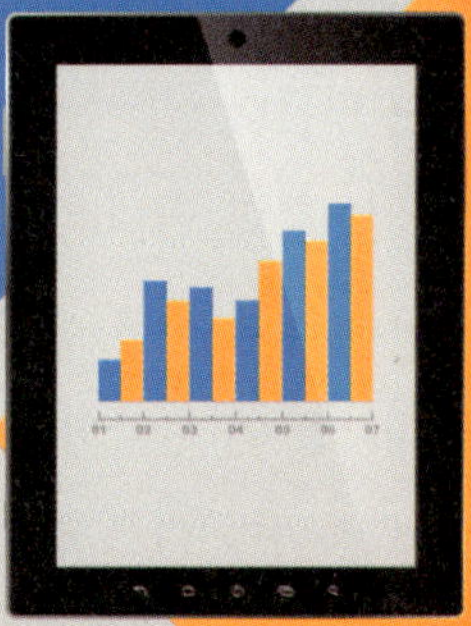

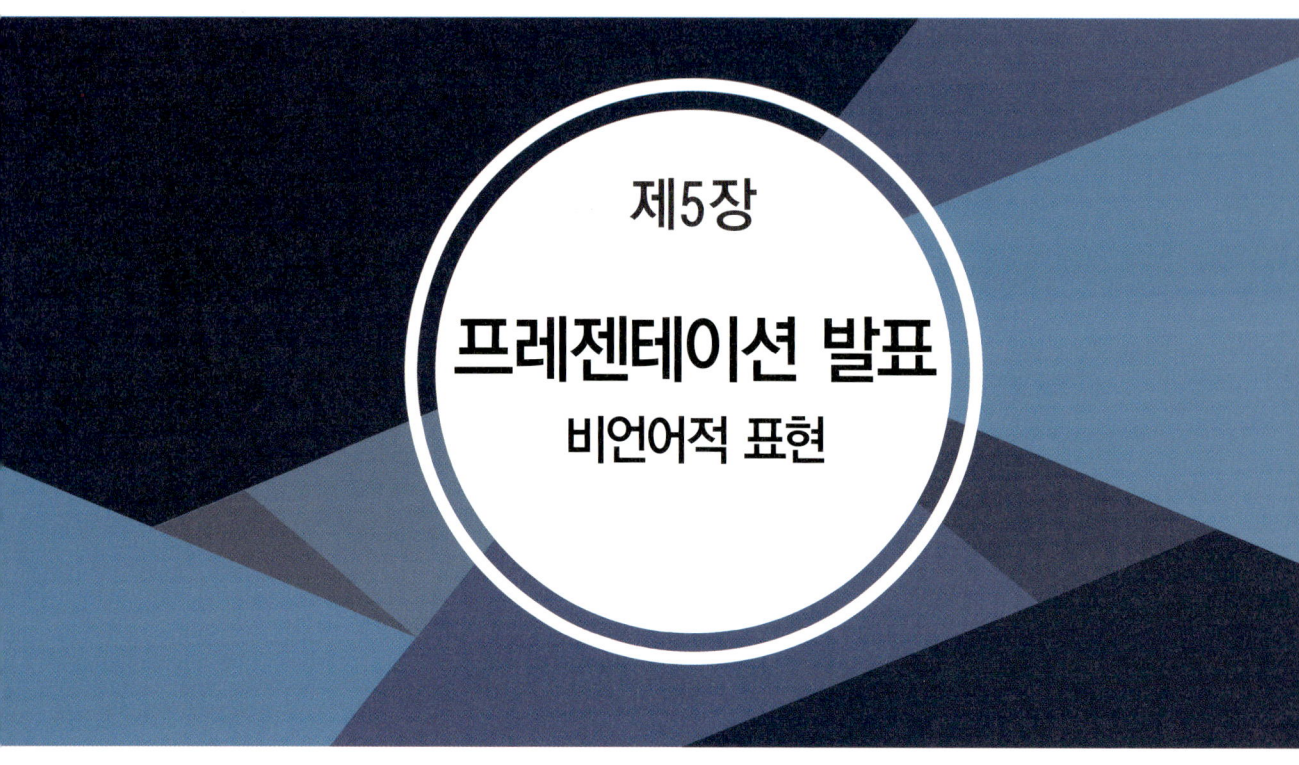

제5장
프레젠테이션 발표
비언어적 표현

"나에 대한 자신감을 잃으면 온 세상이 나의 적이 된다."

-Ralph Waldo Emerson-

　우리는 말을 하지 않고도 서로 의미를 주고받으며 이를 공유할 수 있다. 이야기를 진행하기 불편한 상황에서는 잔뜩 찡그린 얼굴로 기침을 해서 대화의 중단을 요구하고, 호감이 있는 상대와의 대화 중에는 그 혹은 그녀와의 공간을 좁게 만든 후 안면 근육을 이완시키고 손을 활발히 움직이면서 최대한 긍정적인 제스처를 취하기도 한다. 이처럼 다양한 상황에서 여러 방법으로 나를 표현할 수 있는데, 이는 꼭 언어적 표현에 국한되지 않는다.

　소통은 언어뿐만 아니라 모든 감각을 전적으로 이용하여 이루어진다. 인류학자 버드휘스텔(Birdwhistell, 1970)은 면대면 대화의 상황에서 언어가 의사소통에서 차지하는 비율은 고작 35%에 불과하다고 주장한다. 비언어적 표현이 전달하는 정보의 양에 대한 견해는 학자마다 다르지만, 많게는 70%까지 정보 전달 기능을 차지한다고 할 정도로 소통에서 그 비중이 적지 않다.

비언어적 표현은 대화 참여자의 자세, 몸짓과 표정, 목소리의 변화뿐만 아니라 움직임과 공간, 거리 등을 포함하는 광범위한 커뮤니케이션 요소를 의미한다. 커뮤니케이션은 언어적 행위와 비언어적 행위로 나눌 수 있는데, 말란드로(Malandro, L, 1989)는 커뮤니케이션의 영역을 다음과 같이 나누었다.

	언어(상징)	비언어(비상징)
음성	언어/음성 행위	비언어/음성 행위
비음성	언어/비음성 행위	비언어/비음성 행위

모든 메시지는 하나의 암호로 여겨질 수 있고, 우리가 주로 관심을 갖고 있는 문자 언어적 커뮤니케이션은 실제 일상생활에서 정보를 전달하는 여러 수단 중 일부일 뿐이다. 비언어적 의사소통은 언어적 의사소통에 비해 무의식적이고, 표현 방식이 더 직접적이며 구체적이어서 전달력이 크다. 그러나 언어적 소통과 동일하게 메시지를 전달하며, 이는 개성적이거나 애매모호할 수 있다. 고정관념에 영향을 받기도 하며 한 표현에 둘 이상의 다양한 의미를 내포할 수 있고, 이는 맥락에 따라 다른 의미를 지니기도 한다.

비언어적 의사소통은 언어적 의사소통과 동시에 혹은 단독으로 이루어지며 여러 가지 기능을 수행한다. 비언어적 의사소통의 여러 요소를 통해서 우리는 느낌과 감정을 표출하며 대인 관계를 조절한다. 만약 이러한 비언어적 표현이 언어적 표현과 함께 쓰일 경우, 이는 언어적 정보를 강조하거나 보완하기도 하고, 언어적 표현과 상반된 표현으로 새로운 의미를 도출해 내기도 한다. 에크먼(Ekman, 1965)은 언어와 비언어 행위의 상호 관계를 여섯 가지로 나누어 고찰했다.

❶ 반복

비언어 의사소통은 언어적 표현으로 이미 전달된 내용을 단순 반복할 수 있다. 예를 들어, 오늘 발표자가 누군지를 묻는 질문에 옆에 앉은 여학생이라고 말한 후 손가락으로 그 여학생을 가리킨 경우 동일한 메시지가 중복되어 이러한 표현을 반복의 기능으로 볼 수 있다.

❷ 불일치

불일치란 비언어적 표현이 언어적 표현과 대비되는 정보나 메시지를 전달하는 경우를 말한다. 의외로 우리는 언어적 표현과 비언어적 표현이 불일치하는 소통을 자주 접하며, 불일치 표현을 자연스럽게 행하고 받아들인다. 부모가 자녀에게 잔뜩 화가 난 목소리로 "나는 지금 화가 나서 이야기하는 것이 아니야."라고 말하거나 "물론 너를 사랑한단다."라고 말하는 것을 그 예로 살필 수 있다.

언어와 불일치를 보이는 비언어 행위를 표현하는 이유는 다양하다. 거짓말을 하기가 난처하거나 사실을 말하지 못하는 상황일 수 있고, 혹은 의도적으로 비아냥거리는 태도를 전달하기 위해 사용되기도 한다. 이런 경우 긍정적인 언어적 표현과 부정적인 말투가 조합된다. 그러나 두 메시지의 불일치는 불쾌하기만 한 것은 아니며 청자가 인지하지 못하고 지나치기도 한다. 부정적인 메시지와 유쾌하고 긍정적인 태도가 잘 조합될 경우 농담으로 나타나 발화 상황의 긴장을 효과적으로 풀 수 있다.

❸ 보완

커뮤니케이션에서 송신자와 수신자간의 메시지를 전달하는 방식을 채널이라고 부르는데, 이 때 언어 채널과 비언어 채널이 동일하거나 서로 보완적일 경우 정보의 해석이 더 정확해질 수 있다. 즉 언어 기호로서 전달하는 메지시의 내용과 위에서 살펴본 음성적, 비음성적인 표현을 포괄하는 비언어적 방식으로 전달하는 메시지의 의미가 유사하거나 동일하게 해석이 될 때, 의미가 보다 명확하게 이해될 수 있다는 것이다.

❹ 대체

비언어적 표현은 언어적 표현을 대체할 수 있다. 우리는 "매우 불쾌하다."라는 발화 대신 불쾌하다는 표정을 짓는다. 서로를 격려할 때 말없이 하이파이브를 하기도 하고 등을 두드려 주기도 한다. 이것은 경험적으로 습득하게 되는 표현들로, 서로 인지가 가능한 사회적 맥락에 있다면 언어로 다시 확인하지 않는다. 만약 격려와 칭찬의 의미로 등을 가볍게 두드렸을 때, 상대가 "왜 나를 때리냐"고 묻는다면, 이들은 동일한 사회 맥락을 공유하지 못한 것으로, 부가적인 언어적 메시지로 정보를 조정할 필요가 생긴다.

❺ 강조/완화

비언어 표현은 언어 정보를 강조 또는 강화할 수 있고, 완화할 수도 있다. 앞의 대체에서 살폈던 등을 두드려 주는 행위는 그 행위와 함께 "이번 시합 정말 잘했고 수고했다."고 말할 경우 격려의 의미를 강조한다. 이는 비언어 표현 사이에서도 나타나는데, 예를 들어 화가 난 메시지를 전달하는 화자의 비언어는 표정뿐만 아니라 목소리나 다른 신체 부위에서도 나타날 수 있다.

❻ 조절

언어적 표현을 조절하기 위해서는 비언어 표현을 각기 다른 두 가지 방식으로 이용할 수 있다. 첫째는 메시지를 생산하는 과정에서 두 가지 표현을 조정하는 것이고, 둘째는 발화자와 대화 상대의 언어적·비언어적 행위를 조절하는 것이다. 메시지 생산 과정에서의 언어적, 비언어적 표현의 조정은 다양한 방식으로 이루어지는데, 이는 자세를 변화시켜 주제를 바꿀 수도 있고, 휴지를 통해 언어 정보의 흐름을 구별 짓기도 한다.

대화 상대자 간에 일어나는 언어적, 비언어적 행위를 적절하게 조절하는 행위는 대화의 만족도를 높여 주고, 타인이 나에 대해 판단을 할 때 영향을 끼친다. 우리는 암묵적인 규칙을 지키며 대화를 진행하는데, 이때 하나의 화제를 함부로 끊지 않으며 중간에 끼어들거나 경청하지 않는 것은 예의가 없는 것으로 간주된다. 질문을 받은 경우에는 대답을 해야 하고, 서로 참여하는 비율은 비슷한 것이 좋다. 이렇게 자연스럽고 좋은 대화의 흐름을 위해서는 우리는 상대방에게 그가 인지할 수 있는 조절 신호를 보내야 한다.

갑자기 말을 하고 싶은 경우 손을 들거나 말하려는 자세를 취하기도 하고, 더 이야기를 하라는 의미를 전달할 때는 눈짓을 보내거나 고갯짓을 하기도 한다. 머리를 손질하거나 몸단장을 하는 것, 면접이 끝나고 면접관들이 고개를 끄덕이고 문을 바라보는 것 등도 이에 해당된다고 할 수 있다.

5.1 발음 발성

1) 목소리

목소리는 그 속에 담고 있는 언어적 내용보다 더 빠르게 많은 양의 정보를 전달할 수 있는 비언어적 표현 수단이다. 대화 참여자들은 눈으로 보거나 언어적 의미를 생각하는 것보다 직관적으로 목소리에 담긴 내용을 인지한다. 목소리는 발음과 발성, 음색과 유사 언어 등으로 구분하여 살필 수 있다. 목소리에 대한 정의는 다양하다. 이 중 우리가 일반적으로 생각하는 관점과 유사하게 제시한 김영임(1998)의 내용에서는 이를 성대에서 공명을 통해 나오는 떨림에 의한 소리라고 정의한다.

실제 커뮤니케이션에서도 우리는 쉽게 음성적 요인의 중요성을 느낄 수 있다. 중요한 회의를 하기 전에 미리 대본을 읽어 보고 내용에 맞는 목소리의 톤을 찾고, 미지근한 물을 마셔 목소리를 가다듬어서, 회의에서 보다 신뢰도 있는 이미지를 얻고자 노력한다. 밝고 활동적인 무대 진행을 위해서는 높은 톤의 목소리로 경쾌한 분위기를 연출하고, 침울하고 비통한 내용을 전달할 때에는 느린 속도의 낮은 목소리를 통해 안타까움을 표현한다. 이렇듯 의사소통에서 목소리, 즉 음성적 요인이 차지하는 비중은 매우 크다.

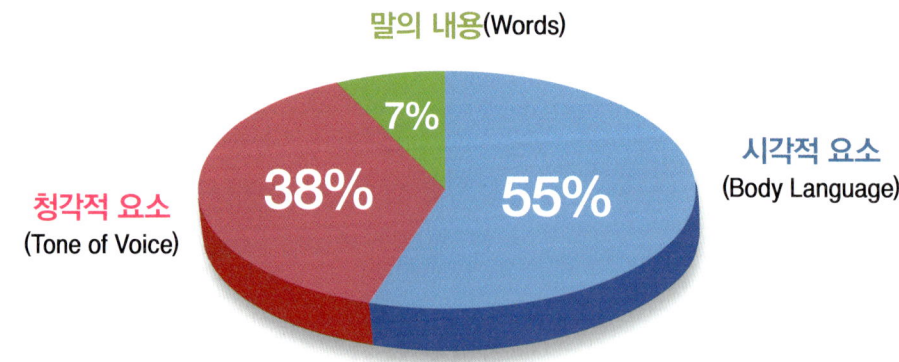

Albert Mehrabian, Professor at UCLA

사회심리학자 메라비언(Albert Mehrabian, 1970)은 상대방에게 받는 커뮤니케이션 구성 요소가 전체 이미지 형성에 차지하는 비율에 대해 연구했는데, 그 중 목소리, 즉 음성적 요소가 차지하는 비율이 38%에 해당했다. 그외 비언어적 표현인 표정이 35%, 태도가 20%에 해당하고, 언어적 요인은 7%에 해당한다. 비언어적 표현이 차지하는 비율이 매우 높다는 것을 알 수 있다.

여러 사람 앞에서 정보를 전달하거나 자신의 의견을 피력해야 하는 발표자의 목소리는 그 내용만큼이나 중요하다. 발표자의 음성이 너무 작아서 청중이 들을 수 없다면, 단조로운 목소리라서 집중하기 어렵다면, 톤이 너무 높거나 낮아서 듣기에 피로감을 느낀다면, 비록 훌륭한 내용을 전달했더라도 좋은 발표라고 평가받기는 쉽지 않을 것이다. 조금만 신경 쓰면 바꾸어 볼 수 있는 표정이나 의상, 자세, 제스처 등의 시각적, 비언어 표현과는 달리 음성적 표현은 단기간에 두드러지는 변화를 나타낼 수 없기 때문에 더 많은 노력이 요구된다.

전달하고자 하는 정보의 성격이나 청중의 크기, 발화 상황과 장소에 따라 달라지겠지만 사람들은 대다수 '듣기 좋은 목소리'에 대한 공통된 의견을 지니고 있고, 그런 음성적 요인에 매력을 느낀다. 최병학(2007)에서는 듣기 좋은 목소리를 선천적으로 타고난 목소리, 건강한 목소리, 톤이 낮으면서 떨림이 없는 목소리, 생각이 있는 목소리, 자신감이 있고 당당하며 씩씩하게 내는 목소리, 밝은 목소리로 분류하며 이를 부담감 없이 들을 수 있는, 호감이 가는 목소리라고 정의했다. 언어적 차원에서는 발음의 명확성, 전달 속도, 휴지, 억양 등을 선정한 이영혜·김현주(2014)의 분류를 살필 수 있다.

(1) 목소리의 구성 요소

목소리를 구성하는 것은 빠르기, 크기, 높이, 길이, 쉬기, 힘주기가 있고, 프레젠테이션을 할 때 우리는 이 여섯 가지 요소를 적절하게 구사해야 한다. 빠르기는 주어진 시간 안에 얼마나 많은 양의 말을 하느냐를 뜻한다. 대화의 속도가 너무 빠르면 청중이 생각할 시간을 잃게 되어 제대로 이해할 수 없고, 반대로 너무 느리면 분위기가 늘어져 청중이 발표에 집중하지 못하고 다른 생각을 하게 된다. 따라서 대화의 속도는 발표의 내용과 흐름에 따라 완급을 조절할 필요가 있다.

크기는 목소리가 얼마나 멀리까지 퍼져서 내용을 전달하는지 결정하는 요소이다. 너무 큰 소리는 고막을 강하게 흔들어 강조를 하거나 집중을 시킬 때 사용되지만 장시간 들을 경우 피로감을 높이고, 너무 작은 소리는 조용하게 들리기 때문에 청중의 수가 많은 경우라면 적합하지 않다. 청중의 수와 마이크 사용 여부에 따라 모두가 충분히 들을 수 있도록 달리해야 하며, 탄력적인 변화로 단조로움을 피해야 한다.

높이는 소리의 억양을 만들어 낸다. 앞서 살펴본 크기가 강함의 정도라면, 억양은 목소리의 예리함과 둔함을 나타낸다고 할 수 있다. 음악에서 도와 솔의 차이를 생각하면 쉽게 이해할 수 있다. 인위적인 높이의 변화는 낭독하거나 설교하는듯한 지루하거나 고리타분한 억양을 만들 가능성이 있으며, 이를 피하기 위해서는 대화와 같이 자연스러운 억양으로 발표를 이끌어 가는 것이 좋다.

길이는 한 음절을 얼마나 오래 끌어 발음하느냐를 가리킨다. 요즘에는 장단을 모두 지켜서 발음하지는 않지만 뉴스에서 나오는 아나운서의 말을 살피면 정확하게 장단을 지켜 의미를 구분하는 것을 들을 수 있다. 과장된 장단음의 구별은 자칫 예스러운 느낌을 자아내지만, 고저의 구분이 없는 우리말에서 긴 소리와 짧은 소리의 구별은 필요하다.

쉬기는 목소리를 내지 않고 잠시 멈추는 시간을 말한다. 한 단어는 보통 붙여서 읽지만 단어와 단어 사이, 구와 구 사이, 문장과 문장 사이 등에서는 의미를 구분할 수 있는 잠시의 휴지가 필요하다. 구성 단위가 클수록 쉬는 시간도 길어지는데, 단어 사이에 쉬는 시간보다는 서론과 본론, 또는 본론과 결론 사이의 쉬는 시간이 길어야 한다.

힘주기는 강세라고도 하는데, 이는 특정 음절이나 단어, 문장 등을 힘주어 말하는 것이다. 일상 대화뿐만 아니라 발표에서는 발표자 스스로가 강조하고자 하는 부분이 있는데, 힘주기가 바로 이것을 드러나게 표현하는 것이다. 물론 습관적으로 맨 앞이나 뒤, 혹은 일정한 단어에만 특별한 의도 없이 강조를 하는 것은 오히려 발표의 흐름을 방해하는 좋지 않은 버릇이다. 내용적으로 중요도가 있는부분, 또는 연설자가 강조하고자 하는 부분에서 뚜렷한 목적을 가지고 계획적으로 시행하는 힘주기는 청중으로 하여금 발표에 몰두하게 하고, 발표자의 의도를 인지할 수 있도록 한다.

이 밖에도 목소리, 즉 음성을 이루는 다양한 요소가 있지만, 다음에서는 훈련을 통해 좋은 목소리를 만들 수 있는 목소리의 기초적인 요소에 집중하여 어떤 노력을 통해 매력적인 목소리를 갖출 수 있는지 알아 보고자 한다. 매력적인 음성은 호흡과 발성, 발음의 훈련을 통해 만들어질 수 있으며, 인위적으로 만든 소리가 아닌 자신만의 목소리를 찾아야 비로소 자연스럽고 힘이 있는 목소리를 낼 수 있다.

(2) 호흡

호흡은 힘있고 안정된 발성을 위한 가장 기본적인 요소 중 하나이다. 발성이 안정되지 않으면 발음도 정확하게 만들어지지 않기 때문에 호흡은 좋은 목소리를 위한 기초라고 할 수 있다. 안정된 호흡을 위해서는 자신의 자세를 먼저 살펴볼 필요가 있다. 다리 간격은 너무 좁거나 넓지 않은 골반 너비 정도가 적당하며 허리와 등, 목과 머리가 일직선에 놓이도록 하여 긴장을 풀고 편안한 상태를 유지해야 한다.

처음에 바른 자세를 취하도록 요구했을 때 '힘이 들어간 자세'를 취하는 경우가 많은데 어깨와 목에 힘이 들어가 경직이 되면 발성이 제대로 이루어질 수 없다. '바른 자세'를 취하기 위해서는 편안한 상태를 유지하는 것이 가장 중요하다. 간단한 움직임 혹은 스트레칭을 통해 몸을 이완시키는 것도 좋은 방법이다.

풍성하고 안정된 호흡을 위해서는 복식 호흡을 익히는 것이 좋다. 대다수의 사람들은 신경을 쓰지 않을 때 흉식 호흡을 한다. 흉식 호흡은 가슴을 부풀려서 숨을 마시는 호흡으로, 복식 호흡에 비하여 폐활량이 적고 에너지 소모가 크다. 크게 숨을 들이마셨을 때 자신의 모습을 확인하며 스스로의 호흡법을 확인해 보자. 만약 가슴이 부풀고 어깨가 위로 올라가며 배가 속으로 쑥 들어가면 이는 흉식 호흡을 하고 있는 것이다. 흉식 호흡을 하면서 프레젠테이션을 하게 되면 호흡 조절이 용이하지 않아 말의 속도가 빨라지고 숨이 차며 금방 힘이 들게 된다. 특히 강조를 해야 하거나 큰 소리를 내야 할 때 목에 무리가 가기 때문에 긴장이 된 상태는 긴 시간 진행을 하기에 적합하지 않다.

목의 부담을 줄이고 부드럽고, 윤택한 소리를 유지하기 위해서는 목을 이완해야 하는데, 이를 위해서는 복식 호흡을 해야 한다. 복식 호흡이란 공기를 배로 깊이 들이마시고 내쉬는 호흡이다. 가슴으로 쉬는 흉식 호흡과는 달리, 배로 숨을 쉬게 되면 가슴과 어깨는 내려가고, 배는 부풀게 된다. 코로 숨을 천천히 들이마시면서 공기를 배로 내보내려면 처음에는 노력이 필요하다. 만약 흉식 호흡에 익숙한 사람이라면 의식적으로 배를 움직여 숨을 배 안에 채운다고 생각해야 한다. 배 위에 손을 얹고 숨을 마실 때와 내쉴 때의 움직임을 살펴보면 이해할 수 있을 것이다.

몸을 함께 움직여 복식 호흡을 연습할 수도 있다. 숨을 다 내보낸 상태에서 몸통을 젖혀 코로 숨을 들이마신다. 이때 배가 볼록해질 것이다. 그 후에 허리를 직각으로 구부리면서 마셨던 숨을 모두 토해낸다. 그러면 공기가 빠져나가면서 배가 홀쭉하게 들어가는 것을 느낄 수 있다. 다시 윗몸을 세우며 숨을 마시고, 몸을 숙여 길게 숨을 내쉬어 보자.

복식 호흡은 상체의 움직임 없이 배로 호흡을 하는 것으로, 복근의 이완과 수축이 반복된다. 처음 숨을 마실 때는 4초 정도 들이마시고, 내쉴 때는 더 길게 8초 동안 숨을 뱉는다. 다음 호흡에서는 2초 동안 마시고 4초 동안 내쉰다. 이런 방식대로 일상에서도 복식 호흡을 할 수 있도록 여러 차례 연습해야 한다. 처음에는 낯설고 불편한 호흡 방법이지만 이가 자연스러워지게 되면 발성과 발음에 큰 도움이 되며 오랜 시간 말을 할 때에도 숨이 부족해지지 않게 된다.

(3) 발성

좋은 발성은 단단하게 힘이 있고 풍성한 소리를 만든다. 우지은(2011)은 발성의 훈련 방법으로 네 가지 방법을 제시하고 있다. 안정된 발성을 위해서는 목젖 양쪽의 둥근 아치 같이 생긴 부분이 넓게 커지고, 목젖 앞의 여린입천장, 즉 연구개 부분이 위로 올라간 상태를 만들어 주는 것이 중요하다. 둥글고 넓은 공간에서 소리가 크고 맑게 공명될 수 있기 때문이다. 이러한 발성을 위한 방법은 다음과 같다.

첫째는 나무젓가락을 이용한 발성 훈련 방법으로, 젓가락 한 쌍을 이용하여 목의 아치를 둥글게 만드는 것이다. 양쪽 어금니에 각각의 나무젓가락을 가볍게 물면 목구멍이 활짝 벌어지는데, 이 상태로 코로 숨을 들이마시고 입으로 내쉬며 '아'라는 발성을 한다. 이때 반드시 복식 호흡을 병행해야 하며, 배를 수축시키고 입으로 공기를 뱉으면서 발성의 시간을 조금씩 길게 늘려 보는 것이 좋다.

둘째는 한쪽 다리를 들고 책을 읽는 방법이다. 한쪽 다리를 들게 되면 균형을 잡기 위해 땅을 딛고 있는 다리와 배에 힘이 들어가게 된다. 아랫배에 단단하게 힘이 들어가면 풍성하고 곧은 소리를 낼 수 있다. 이 상태에서 복식 호흡을 하면서 문장을 읽어 보자. 이때 시선은 최대한 정면을 바라보고, 멀리 있는 사람에게 정보를 전달한다는 느낌으로 읽는다. 문장에 휴지를 만들고, 표시된 곳에서만 숨을 들이마시고 낭독해 보자.

셋째는 5단계 발성법이다. 음성이 단조롭고 변화가 없으면 금방 싫증이 나고 청중의 집중력을 유지시키기가 어렵다. 생동감 넘치는 소리로 경쾌하고 변화무쌍한 흐름을 이끌기 위해서는 음성의 변화가 필요한데, 이를 위해서는 목소리의 성량을 늘이고 줄이는 연습이 필요하다. 동일한 문장을 1에서 5의 강도로 점진적으로 크게 읽고, 반대로 5에서 1로 줄여 보자. 이것이 익숙해지면 무작위로 1에서 5의 수를 적고, 그 변화에 따라 크고 작게 읽어 본다. 1의 작은 소리를 낼 경우에는 숨을 들이마실 때 배가 조금 수축하지만 5에 가까워질수록 점점 더 많이 수축하게 된다.

넷째는 자신의 음성을 찾을 수 있는 마스크 공명법이다. 사람마다 지니고 있는 고유한 목소리 톤을 찾으면 자신의 발성 구조에 맞는 편안한 음성을 가질 수 있기 때문에 가장 자연스럽고 편안한 목소리의 톤을 찾는 것이 중요하다. 복식 호흡으로 숨을 마시고 내쉴 때 공기를 코와 입 주변의 마스크 존으로 모아 보자. 코와 입, 즉 구강과 비강을 진동시켜 '음'이라는 허밍을 함께할 때에는 목에서 소리가 나오는 것이 아니기 때문에 목을 완전히 이완시키고 몸 속의 공간에서 공기의 진동을 느껴 보도록 한다.

편안한 소리가 무엇인지 알기 어렵다면 한쪽 손은 코 주변에 놓고, 다른 한쪽손은 성대 부분(후두)에 놓아 보자. 고유의 목소리보다 너무 높거나 낮은 소리라면 후두가 상하로 움직이면서 주변의 근육이 긴장되어 공명이 사라지는 것을 느낄 수 있을 것이다. 성대 부분에 움직임이 없는 상태로 편안하게 진동하면서 낼 수 있는 소리가 자신의 진짜 목소리 톤이라고 할 수 있다.

위에서 연습한 네 가지 방법을 모두 적용하여 다음의 자기소개 문장 또는 짧은 연설문을 읽어 보자. 입을 크게 벌려 목의 공간을 넓고 크게 만들고, 복식 호흡으로 들이킨 숨은 마스크 존으로 모아, 소리의 크기를 염두에 두며 소리를 내보자. 또렷하고 맑은 소리가 편안하게 나온다면 보다 신뢰감 있고 안정된 느낌을 줄 수 있을 것이다.

> 안녕하세요?
> 목소리가 매력적인 여자/남자 _____ 입니다.
> 오늘 이렇게 만나 뵙게 돼서 정말 반갑습니다.
> 저는 오늘 목소리 연습을 통해 멋있는 발표자가 되려고 합니다.

(4) 발음

발음을 정확하게 하지 못하는 이유로는 흔히 입이 작거나 혀가 짧다는 선천적인 조건을 많이 들지만, 실제로 이런 선천적인 조건 때문에 발음에 영향을 받는 사람은 많지 않다. 일반적으로 발음에 대해 깊이 생각하지 않고 쉽게 발음을 하더라도, 두 대화 참여자가 공유하는 맥락과 스키마, 표정 등이 함께 전달되는 일상적 대화에서는 큰 장애 없이 정보를 주고받을 수 있다. 이러한 상황의 반복이 우리의 게으른 발음을 만들게 되는 것이다. 대강 말해도 다 알아 듣기 때문에 원래 사용해야 할 조음 기관을 정확하게 움직이지 않는 것이 부정확한 발음의 가장 큰 원인이라고 할 수 있다.

한국어 자음 발음에 사용되는 조음 기관과 각 음운을 살피면 다음과 같다.

조음방법		조음위치	입술	잇몸	센입천장	여린입천장	목청
안울림소리	파열음	예사소리	ㅂ	ㄷ		ㄱ	
		된소리	ㅃ	ㄸ		ㄲ	
		거센소리	ㅍ	ㅌ		ㅋ	
	파찰음	예사소리			ㅈ		
		된소리			ㅉ		
		거센소리			ㅊ		
	마찰음	예사소리		ㅅ			ㅎ
		된소리		ㅆ			
울림소리		비음	ㅁ	ㄴ		ㅇ	
		유음		ㄹ			

한국어의 자음은 성대를 통과한 공기가 크고 작은 장애를 받으면서 생성된다. 자음은 심한 장애를 일으켜 발음되는 장애음과 공기의 흐름이 장애음에 비해 자연스러운 비음과 유음으로 나뉜다. 장애음은 안울림소리라고도 불리며 공기의 흐름을 막았다가 막은 자리를 터트리면서 내는 파열음, 공기를 막았다가 서서히 터트리면서 마찰을 내는 소리인 파찰음, 조음 위치의 공간을 좁게 만들어 공기를 좁은 틈으로 내보내 마찰을 일으키는 마찰음이 이에 해당된다. 그리고 이와 달리 코로 공기를 내보내며 내는 비음과 혀끝을 잇몸에 대었다 떼거나 잇몸에 댄 채 공기를 흘리는 유음은 울림소리에 해당된다.

위 표의 가로축은 장애를 받는 조음 위치에 해당하는데, 이는 입술, 잇몸, 센입천장, 여린입천장, 목청으로 나누어 볼 수 있다. 이 중 잇몸은 위 앞니의 바로 뒤에 볼록하게 튀어나온 부분으로 치조라고도 불리며, 이때 혀가 이 부분에 닿거나 위치하면서 내는 소리를 잇몸소리라고 한다. 그 외 센입천장은 입 속 공간에서 가장 높은, 딱딱한 윗부분을 나타내고, 여린입천장은 목구멍 바로 앞에있는 부드럽고 연한 부분을 일컫는다.

다음은 한국어의 단모음 음성 체계이다.

혀의 위치 입술 모양 혀의 높이	전설 모음		후설 모음	
	평순	원순	평순	원순
고모음	이	위	으	우
중모음	에	외	어	오
저모음	애	–	어	–

가장 왼쪽의 '이-에-애'를 발음하다 보면 입이 점점 커지는 것을 알 수 있다. 이때 혀는 아래턱을 따라 움직이므로 가장 입을 적게 벌린 '이'가 혀가 가장 높이 있는 고모음, 가장 입을 많이 벌려서 턱이 아래에 있는 '애'가 혀가 아래에 있는 저모음이라고 할 수 있다.

또 입술이 평평하게 벌어지는 '이'와 달리, '위', '외', '우', '오'는 입술 모양이 동그랗게 오므라지므로 이를 원순 모음이라고 한다. 혀가 뒤에서 위치하는 후설 모음에 각각 반모음 '이'가 덧붙은 전설 모음은 혀가 입 공간의 앞에 위치한다.

전달력 있는 목소리를 위해서는 위의 조음 기관을 정확하고 효과적으로 활용해야 하는데, 이때 가장 먼저 필요한 것은 잘 사용하지 않던 조음 기관을 충분히 풀어 주는 것이다. 조음 기관을 풀어 줄 때에는 입술, 혀, 볼 등 조음할 때 사용되는 입 속의 공간을 이루는 모든 기관을 풀어 줘야 한다. 정해진 틀이 없기 때문에 기관을 푸는 데에는 다양한 방식이 있지만, 쉽게 사용할 수 있는 방법은 다음과 같다.

- 양 뺨에 공기를 불어 넣어 부풀린 채로 5초에서 10초가량 유지한다.
- 입술의 힘을 빼고 공기를 가볍게 내보내며 '푸르르르'하며 입술을 풀어 준다.
- 혀의 뿌리부터 끝까지 이완될 수 있도록 혀를 입 안 구석구석까지 움직여 풀어 준다.

충분히 조음 기관을 이완시킨 후에야 본격적으로 발음 훈련을 할 수 있다. 이때 가장 많이, 그리고 쉽게 할 수 있는 기초적인 훈련은 '자모음표 읽기'이다. 모음 변화에 따라, 그리고 자음 변화에 따라 자모음표를 두세 번 정도 크게 읽는다. 이때 앞서 살폈던 복식 호흡과 발성을 유지하며 진행해야 한다.

	ㅏ	ㅑ	ㅓ	ㅕ	ㅗ	ㅛ	ㅜ	ㅠ	ㅡ	ㅣ	ㅔ	ㅐ
ㄱ	가	갸	거	겨	고	교	구	규	그	기	게	개
ㄴ	나	냐	너	녀	노	뇨	누	뉴	느	니	네	내
ㄷ	다	댜	더	뎌	도	됴	두	듀	드	디	데	대
ㄹ	라	랴	러	려	로	료	루	류	르	리	레	래
ㅁ	마	먀	머	며	모	묘	무	뮤	므	미	메	매
ㅂ	바	뱌	버	벼	보	뵤	부	뷰	브	비	베	배
ㅅ	사	샤	서	셔	소	쇼	수	슈	스	시	세	새
ㅇ	아	야	어	여	오	요	우	유	으	이	에	애
ㅈ	자	쟈	저	져	조	죠	주	쥬	즈	지	제	재
ㅊ	차	챠	처	쳐	초	쵸	추	츄	츠	치	체	채
ㅋ	카	캬	커	켜	코	쿄	쿠	큐	크	키	케	캐
ㅌ	타	탸	터	텨	토	툐	투	튜	트	티	테	태
ㅍ	파	퍄	퍼	펴	포	표	푸	퓨	프	피	페	패
ㅎ	하	햐	허	혀	호	효	후	휴	흐	히	헤	해
ㄲ	까	꺄	꺼	껴	꼬	꾜	꾸	뀨	끄	끼	께	깨
ㄸ	따	땨	떠	뗘	또	뚀	뚜	뜌	뜨	띠	떼	때
ㅃ	빠	뺘	뻐	뼈	뽀	뾰	뿌	쀼	쁘	삐	뻬	빼
ㅆ	싸	쌰	써	쎠	쏘	쑈	쑤	쓔	쓰	씨	쎄	쌔
ㅉ	짜	쨔	쩌	쪄	쪼	쬬	쭈	쮸	쯔	찌	쩨	째

자모음표를 읽을 때 경상도 사투리를 쓴다면 '어'와 '으'의 발음에 주의해야 한다. '에'는 손가락 하나가 들어갈 정도의 공간이, '애'는 손가락 세 개 정도가 더 들어갈 수 있는 공간만큼 입을 벌리고 발음해야 한다. 명확한 발음을 위해 '오'와 '우'를 구별하고 거센소리인 'ㅍ', 'ㅌ', 'ㅋ' 소리를 부드럽게 내보는 연습을 해야 한다.

5.2 태도 · 자세

앞서 우리는 비언어 표현 중 음성적 요소에 대해 살펴보고, 이를 어떻게 훈련할 것인지 차례대로 알아 보았다. 비언어적 표현을 이루는 것은 음성뿐만 아니라 비음성적 비언어 그리고 상황 언어 등이 있다. 이 장에서는 효과적인 프레젠테이션을 위한 연설자의 태도와 자세, 즉 비음성적 비언어에 대해서 살펴보고자 한다.

음성적인 요소를 배제한 비언어 요인은 다양하다. 신체적 행위나 신체적 특성, 신체 접촉 행위 등 신체 조절 영역에 해당하는 모든 것뿐만 아니라 공간적 행위나 인공물, 간격, 배치, 시간, 의상, 심지어 후각적 요소까지 이에 포함한다.

1) 시선

시선 처리는 화자가 의식하든 의식하지 않든 중요한 의사소통 수단이다. 시선 처리을 통해 화자의 감정과 성격을 전달할 수 있다. 기쁨과 슬픔, 놀람, 분노 등은 시선을 통해 드러나곤 하며, 날카로움, 선함, 악함 등의 성격은 눈을 통해 판단되기도 한다. 또한 시선은 상대방을 바라봄으로써 반응을 요구하기도 하고, 시선의 방향에 따라 관심사를 표출하기도 한다. 일방적인 응시는 관심에 대한 표현이라고 할 수 있으며, 시선에 대한 반응이 돌아오지 않음을 의미한다. 반대로 두 사람이 눈맞춤을 하는 상호 응시는 대인 커뮤니케이션에서 가장 중요한 행위로, 상대의 시선이 주는 메시지를 읽으려고 하는 것이다. 시선은 화자가 대상에 대해 어떤 태도를 지니고 있는지 드러내기도 한다. 예를 들면, 친밀한 관계에서는 시선의 접촉이 자주 이루어지고, 소원한 관계에서는 시선의 접촉이 잘 일어나지 않는다.

2) 표정

발표의 상황과 공간에 따라 변화가 있겠지만, 연사의 표정은 그의 감정 상태를 드러내는 직접적인 표현 수단이다. 긴장된 경우 경직된 표정이, 불안감은 붉게 물든 얼굴색에서 드러나며, 초조한 경우 찡그린 표정이 나타난다고 할 수 있다. 사람들은 일반적으로 네 가지 관리 기술을 동원하여 표정을 통제한다고 한다. 사람들은 종종 남의 기대에 맞추기 위해 반응을 보여야 하는 상황을 경험하는데, 이러한 경우 그 상황에 맞추기 위하여 보다 과장하여 표현한다. 또한 남에게 좀 더 적절한 반응을 보이기 위하여 표정을 억제한다. 동양 문화권에서는 감정을 드러내는 것을 피하는 경향이 있는데, 이는 의식적으로 감정을 중화시킴으로써 감정을 얼굴 표정으로 드러내지 않는 것이다. 또한 어떤 감정은 그보다 좀 더 적합하다고 생각되는 감정과 바꾸기도 한다. 이처럼 표정은 감정을 표현하는 중요한 도구로 작용한다.

얼굴 표정은 발표 내용에 따라 변화를 주는 것이 좋은데, 진지한 표정 또는 즐거운 표정 등 감정에 따른 다양한 표정을 드러내는 것은 청중이 발표에 집중하게 돕는다. 그러나 화가 심하게 난 표정이나 도를 지나친 감정은 피하는 것이 좋은데, 이는 발표자가 스스로의 기분을 통제하지 못하는 듯한 느낌을 주기 때문이다.

3) 제스처

제스처는 의도적으로 발화의 효과를 더하기 위해 사용하는 몸짓과 손짓을 포괄하는 말이다. 신체에서 파생되는 여러 가지 작용과 활동을 몸짓이라고 한다. 제스처는 적응 행위(adaptors), 상징 행위(emblems), 설명 행위(illustrators)로 구분된다. 적응 행위란 환경이나 생활에 적응하기 위해 어려서부터 자연스럽게 학습된 행위를 의미한다. 예를 들어 손이 시릴 때 두 손을 비비는 행위나 눈부신 햇빛이 얼굴에 비치면 손으로 얼굴을 가리는 행위가 이에 속한다.

프레젠테이션 중에 다른 비언어와 함께 제스처가 이루어지면, 이는 메시지를 명확하게 해주고 청중의 시선을 모으는 역할을 한다. 이 때 제스처는 말의 일부로 느껴질 수 있도록 자연스러워야 한다. 이를 위해서는 기본적으로 손과 팔을 풀어 둔 상태로 있는 것이 즉각적이고 자연스러운 반응을 보이기에 좋다.

제스처를 할 때는 명확한 신호를 크게 보여 주는 것이 효과적이다. 청중의 수가 많을수록 제스처도 함께 커지게 되는데, 이런 분명한 제스처는 발표자가 열정적으로 이 발표에 참여하고 있다는 느낌을 준다. 이때 손은 얼굴에서 너무 멀어지지 않는 것이 좋은데, 이는 청중의 시선을 분산시킬 수도 있기 때문이다.

4) 자세

자세는 몸을 움직이거나 가누는 모양을 뜻한다. 우리는 자세를 통해 대상에 대한 태도를 전달하게 된다. 자세는 지위의 높고 낮음을 알려 주는 표시로 작용하기도 한다. 일반적으로 지위가 높은 사람은 느슨한 자세를 취하는 반면, 지위가 낮은 사람은 꼿꼿하고 긴장된 자세를 취한다. 또한 비스듬한 자세는 상대방을 무시하거나 경직되어 보이는 특성을 지니며, 꼿꼿한 자세는 빈틈없어 보이는 인상을 주기도 한다.

발표자의 기본 자세는 두 발을 어깨 넓이로 벌리고 허리와 어깨, 얼굴을 일직선에 둔 상태로, 이는 발성에 좋은 자세와 유사하다. 그러나 스피치가 진행되는 동안 자세를 바꾸거나 움직이기도 한다. 다만, 너무 급한 자세의 변동이나 빠르고 반복적인 동작, 예를 들어 다리를 흔들거나 손을 앞뒤로 계속 내젓는 등의 모습은 청중에게 혼란과 피로감을 주어 내용에 집중하는 것을 방해하게 된다.

5) 외형적 이미지

 지나치게 마르거나 뚱뚱한 사람은 상대방에게 긍정적인 인상을 주지 못한다는 점, 키가 큰 사람은 작은 사람에 비해 위압적인 인상을 준다는 점, 아름다운 얼굴은 못생긴 얼굴에 비해 긍정적인 인상을 준다는 점 등을 고려해 보면, 신체적 특성이 비언어적 의사소통에서 일정한 영역을 담당하고 있음을 알 수 있다.
 선천적인 조건을 완전히 변화시킬 수는 없겠지만 자신의 신체적 장단점을 이해하고, 이를 보완하거나 강화할 수 있다. 만약 자신이 우유부단한 모습을 지녔다고 생각된다면 이는 깔끔하고 정돈된 모습을 갖춰 보완할 수 있다. 눈매가 사납다면 화장을 통해서 눈꼬리를 내리거나 시선을 분산시킬 다른 복장이나 소품의 착용으로 이를 완화시킬 수 있고, 반대로 내용에 따라 강한 이미지가 필요할 때에는 갖고 있는 요소를 더 명확하게 하기 위해 강인한 모습으로 눈을 강조하거나 복장을 보색으로 입어서 이를 완화시킬 수 있을 것이다. 어떤 스피치에서든 깨끗하고 신뢰감 가는 모습을 갖춰야 하지만 복장이나 화장, 액세서리와 같은 소품 등의 활용을 통해 엄격함, 진지함, 소탈함 등 더욱 다양한 느낌을 줄 수도 있다.

6) 신체 접촉

 신체 접촉이란 인간과 인간의 신체가 서로 맞닿음으로써 이루어지는 일련의 행위를 뜻한다. 신체 접촉은 감정이나 느낌을 매우 신뢰감 있게 전달해 준다.

5.3 나를 이해하기

이미지는 느낌이나 모양, 영상, 관념 등의 의미를 갖고 있다. 첫인상은 3초 만에 결정된다는 말이 있듯이, 대상에 대한 이미지는 짧은 순간에 이루어지며, 이에 따라 연설자의 이미지 또한 체형, 말투, 몸짓, 목소리, 이목구비 등 다양한 요소를 통해 순간적으로 형성된다.

사람의 이미지는 크게 따뜻한 이미지와 차가운 이미지로 나눌 수 있는데, 이 중 더 좋은 이미지란 없다. 일반적으로 따뜻한 이미지를 지닌 사람에게는 친근감을 느끼기 쉽고, 차가운 이미지를 지닌 사람에게는 신뢰감을 느끼기 쉬운 것과 같이 둘이 갖고 있는 이미지의 성격이 다를 뿐이다. 소규모의 캐주얼한 발표에서는 따뜻한 이미지를 연출하는 것이 청중과 공감을 이루기에 용이할 것이고, 상사에게 보고를 하거나 많은 청중들에게 설명을 할 경우 차가운 이미지를 연출 하는 것이 믿음을 주기에 적합할 것이다.

사람마다 자신이 갖고 있는 이미지가 있고, 대개 둥글고 몸과 얼굴에 곡선이 많은 사람은 따뜻한 이미지를, 직선이 많은 사람은 차가운 이미지를 갖게 된다. 예컨대 몸이 통통하고 둥근 얼굴에 웃는 상의 연설자는 푸근하고 친근한 느낌을 줄 것이고, 마른 몸과 긴 직선의 얼굴형, 시니컬한 표정한 연설자는 딱딱하고 이지적인 신뢰감을 줄 것이다. 이처럼 선천적으로 형성된 이미지는 자신의 신체 조건이 크게 바뀌지 않는 한 변화하기 어렵다. 그러나 자신의 이미지를 정확하게 이해한다면, 상황과 내용에 따라 따뜻한 이미지와 차가운 이미지를 강조하거나 보완하면서 보다 효과적인 프레젠테이션을 이끌어 갈 수 있을 것이다.

1) 얼굴

얼굴형은 크게 둥근 얼굴형과 긴 얼굴형으로 나눌 수 있고, 세밀하게는 턱에 각이 있는 사각형, 턱이 뾰족하고 눈가와 이마가 옆으로 넓은 역삼각형, 턱에 각이 있고 이마가 좁은 삼각형, 달걀형과 둥근 형, 긴 형 등이 있다. 자신의 얼굴형을 파악하는 것은 이미지를 연출할 때 중요하게 작용되는데, 이는 얼굴형에 따라서 헤어스타일이나 착용하는 액세서리가 달라질 수 있기 때문이다.

　둥근 얼굴형의 사람들은 대부분 친근하고 부드러운 인상을 주지만, 때로는 우유부단하고 게으른 느낌을 줄 수도 있기 때문에 신뢰감 있는 모습을 연출할 때에는 머리의 위쪽을 띄워서 시선을 위아래로 분산시키는 것이 둥근 얼굴을 보완하는 데 도움이 된다. 반대로 긴 얼굴형의 사람들은 시선을 양쪽으로 분산시켜야 하는데, 이에는 옆머리를 풍성하게 만들어 주거나 웨이브를 넣는 등의 방법이 있다. 얼굴 중 강조된 부분을 최대한 보완할 수 있는, 얼굴형과 반대되는 부분이 강화된 헤어스타일을 하는 것이 좋다.

　얼굴과 몸의 선을 보면 가늘고 얇은 선을 지닌 사람과 굵고 진한 선을 지닌 사람이 있다. 우리는 보통 여리여리하고 앳된 소녀를 보고 '선이 가늘다'라고 표현하고, 표정이 진하고 우락부락한 남자에게 '선이 굵다'라는 표현을 쓴다. 물론 성별의 차이가 있지만, 남성 중에서도 가늘고 여린 선을 지닌 사람이 있고, 여성 중에서도 진하고 강한 선을 지닌 사람도 있다.

　여성의 경우, 선이 가늘고 흐린 경우에는 액세서리 또한 작은 것을 고르는 것이 좋고, 카리스마 있는 굵고 진한 선의 사람은 면적이 넓고 큰 액세서리를 착용하는 것이 본인의 특성과 잘 어울린다. 이때 액세서리는 얼굴형을 보완하는 헤어스타일과 다르게 '유사한' 것을 착용하게 되는데, 액세서리의 착용은 전체 이미지에 영향을 주기보다는 동떨어져 보이거나 어색한 느낌을 주는 것을 방지하고 본인이 갖고 있는 이미지를 부각시키는 역할을 하게 된다.

　남성의 경우, 가장 보편적으로 착용하는 액세서리로 넥타이를 들 수 있다. 이때 선이 가는 남성의 경우에는 대비가 약하고 무늬가 크지 않은 잔잔한 것이 좋고, 굵고 진한 선의 남성은 대비가 강하며 화려하고 큰 무늬가 있는 것을 고르는 것이 좋다. 이 또한 고유의 이미지를 부각시키고, 보다 어울리는 것을 찾는 방향으로 진행된다.

2) 몸

　몸 또한 키와 형태에 따라 이미지 형성에 큰 비율을 차지한다. 유럽 과학 오픈포럼에 발표된 영국 엘리오 리볼리 연구팀에 따르면, 2014년 한국 남녀의 평균 신장은 각

각 174.9cm, 162.3cm이다. 이는 결과에 따라 2~3cm 정도의 차이를 보이는데, 여성은 162~165cm, 남성은 173~177cm정도를 평균 키의 범위라고 할 수 있다. 자신의 키가 평균보다 작은 범주에 있을 경우는 키가 커 보이도록 의상을 연출하고 배색하는 것이 좋고, 평균 이상에 해당될 경우 큰 키를 돋보이게 하거나 너무 위압적인 느낌이 들지 않도록 상황에 맞게 조절 할 수 있는 센스 있는 연출에 신경을 써야 한다.

몸의 체형은 조미경(2011)에 의하면 외배엽형과 중배엽형, 내배엽형으로 나누어질 수 있다. 외배엽형은 가늘고 곧은 체형으로, 마르고 골격이 튀어나온 유형을 말한다. 중배엽형은 평균 몸매에 해당하는 사람들로, 상반신이 키 골격에 적당한 비율을 차지한다. 마지막으로 내배엽형은 탄탄한 체형으로, 어깨를 비롯한 상반신이 크고 넓어 전체 비율 중 상체의 비율이 많다. 외배엽형에 해당하는 사람들은 작고 조밀한 패턴의 무늬를 선택하는 것이 좋은데, 이는 민무늬처럼 체형의 끝이 정확하게 드러나 체격을 커 보이게 하는 효과를 갖는다. 반대로 내배엽형의 체형은 크고 넓은 무늬를 선택하는 것이 상체를 조금 날씬해 보이게 한다. 내배엽형의 경우, 상체의 비율이 크기 때문에 상하의 비율을 알맞게 보이도록 하는 것을 중점적으로 고려하는 것이 좋다.

3) 퍼스널 컬러

우리가 자주 접하고 착용하는 기본 의상으로는 보통 검은색, 남색 정장, 흰색이나 엷은 파스텔 톤의 블라우스, 어두운 붉은 계열의 넥타이 등을 생각할 수 있다. 그러나 모든 사람에게 동일한 색이 같은 분위기를 내지는 않으며 오히려 다른 사람에게는 잘 어울렸던 의상이나 소품이 나에게는 어색한 경우도 있다.

성공적인 프레젠테이션을 위해서 기본적으로 필요한 것은 좋은 내용의 콘텐츠와 그 콘텐츠를 효과적으로 전달하기 위한 발표자의 발화계획일 것이다. 이 때, 발표자 자체에 대한 신뢰성이나 호감을 높인다면 준비한 내용을 효과적으로 전달하는데에 긍정적인 영향을 줄 것이다. 의도하는 이미지를 연출하기 위해 신경을 써야하는 여러 요소들 중에서 적은 노력으로 큰 효과를 가져올 수 있는 것은 자신에게 어울리는 색을 알고,

이를 적절하게 활용하는 것이다.

　색은 상대적이기 때문에 주변에 배치된 환경에 따라서 차이가 있다. 그렇지만 대개 따뜻한 색상과 차가운 색상으로 분류된다. 예를 들어 동일한 '초록색'으로 보일지라도 노란색이 더 많이 섞인 경우에는 '따뜻한 초록색'으로 인식되고, 파란색이 더 많이 섞인 경우에는 '차가운 초록색'의 느낌을 준다. 이처럼 각 색에는 각기 다른 느낌을 주는 다양한 컬러가 존재하며 이를 통해 자신에게 맞는 색을 선택할 수 있다.

　개인의 색, 즉 퍼스널 컬러를 분석하는 방법이나 구분 방법은 여러 가지인데, 가장 대중적이고 보편적으로 알려진 것은 계절별 색상이다. 즉 봄, 여름, 가을, 겨울이 가지고 있는 이미지를 나타내는 색의 군집을 나누어, 사람마다 잘 어울리는 각 계열별 색상 집단에 대해 알아 보는 것이다.

봄의 톤

　기본적으로 따뜻한 색으로, 선명하고 높은 명도를 지니며 발랄하고 생동감 넘치는 이미지를 자아낸다. 이러한 봄의 컬러가 어울리는 경우로는 노르스름한 피부, 아이보리색의 피부, 노르스름한 피부에 붉은 빛이 감도는 피부를 갖고 있는 사람, 눈동자색이 노란 빛이 감도는 갈색이며 머리카락색이 노란 빛이 감도는 갈색이나 다갈색인 사람들이 바로 이에 해당한다. 봄 계열의 사람들은 생동감 있고, 경쾌하고 따뜻한 이미지를 연출하는 것이 효과적이다. 밝은 노란색 계열, 산호색, 연두색 계열의 화사한 배색이 좋으며 활동적이고 선명한, 발랄한, 귀여운 느낌이 들도록 배색하는 것이 좋다.

여름의 톤

　여름 톤은 차가운 색을 기본으로 하지만, 부드러운 파스텔 톤이나 차분한 색 또한 이에 해당한다. 이는 차갑고 선명한 색으로, 도시적이고 부드러운 카리스마를 나타낸다. 이러한 여름의 컬러가 잘 어울리는 사람들로는 흰 빛과 푸른 빛이 감도는 피부를 갖거나 붉은 피부에 흰 빛이 도는 피부를 가진 경우가 많고, 푸른 빛이 도는 갈색의 눈동자, 회색빛이 도는 짙은 갈색이나 회갈색의 머리카락을 지닌 사람들이 많다.

　여름 톤의 사람은 조용하고 부드럽고 친밀한 이미지가 많고, 자연스럽고 산뜻한 스타일이 주를 이룬다. 이들은 강하지 않은 파스텔 톤, 베이지, 블루나 그린 계열 등이 잘 어울린다.

가을의 톤

가을 톤은 클래식하고 에스닉한 느낌을 주는 경우가 많은데, 이 경우에는 황색이나 갈색 피부, 다갈색 피부에 황색빛이 도는 피부를 지니고, 황색빛이 감도는 갈색 머리카락을 지닌 사람들이 많으며 따뜻하고 부드러운 이미지로 편안함을 주고, 차분하고 원숙한 이미지를 지닌 경우가 많다. 고전적인 우아함을 표현하는 데에 효과적인 색상들이 잘 어울리고, 또 저명도와 저채도의 차분하고 짙은 색상들이 잘 어울린다. 레드 브라운, 올리브 그린, 다크 브라운 등을 활용해서 고상하고 온화한 이미지를 표현하는 것이 좋다.

겨울의 톤

　겨울 톤은 주로 다이내믹하고 액티브한 느낌을 주고, 보색 배색이 잘 어울리는데, 이 톤이 어울리는 사람으로는 희고 밝은 바탕에 푸른 빛이 감도는 창백한 피부 혹은 노르스름하거나 붉은 바탕에 부른 빛이 감도는 피부에 짙은 갈색이나 검정색의 눈동자색을 지닌 사람들이 이에 해당한다. 밝고 흰 피부에 짙은색의 눈동자나 머리카락을 갖고 있어 자체적으로 색채 대비가 큰 경우가 많다. 이들은 이지적이고 차가운 느낌을 주는데, 강렬하고 선명한 도시적인 이미지를 나타내기에 좋으며 고채도, 고명도의 밝고 선명한 짙은 색상이 효과적이다.

위와 같은 계절별 분류는 색에 따른 일반적인 이미지를 바탕으로 이루어진 것으로, 절대적이지는 않다. 따뜻한 색감을 지닌 봄이나 가을 톤이 모두 어울리는 경우도 있고, 채도가 낮은 여름과 채도가 높은 겨울 톤이 어울리는 경우도 있다. 이럴 경우 어떠한 이미지를 연출하는 것이 본인의 프레젠테이션에 적합한지 생각하여 이를 효과적으로 표현해 내는 것이 좋을 것이다.

이를 확인하기 위해서는 진단천이나 색상표를 확인하는 것이 가장 정확하겠지만, 쉽게 확인할 수 있는 방법으로는 본인의 피부색이나 눈동자, 머리카락 색상들을 비교해 보는 것이 있다. 가장 간단하게는 금색과 은색 바탕에 얼굴이나 손을 두고, 무엇이 더 자연스럽고 장점을 보여주는지 확인하는 방법이 있다. 금색이 어울린다면 따뜻한 계열, 은색이 어울린다면 차가운 계열에 해당된다고 할 수 있다.

이러한 퍼스널 컬러와 상관없더라도 계절 색상은 개인의 이미지 연출을 위해 사용될 수 있다. 날카로운 이미지를 강조하여 카리스마를 나타내고자 할 때는 겨울 색상을, 완화시키고자 할 경우에는 봄이나 여름 색상을 활용할 수 있다. 퍼스널 컬러는 한정된 것이 아니라 본인이 활동하는 상황, 맥락을 고려하여 의도적으로 변화시키면서 적용할 수 있으며, 본인의 이미지를 인식한 상태에서는 보다 효과적으로 활용할 수 있을 것이다.

> **생각해 보기**
>
> 다음에 제시된 연설문을 활용하여 비언어적 표현을 연습해 보십시오.

아리아나 허핑턴(Arianna Huffington)

로렌스 총장님과 이사회 임원, 여러 교수님들, 뿌듯한 마음으로 앉아 계신 부모님과 친지 여러분, 무엇보다 여러분의 생에서 특별한 순간을 함께할 수 있도록 초대해 주신 2011년도 졸업생 여러분에게 영광의 인사를 드리며 깊이 감사드립니다.

이곳은 가장 신비스럽고 굉장한 자리입니다. 저는 총장님 댁에서 저녁 식사를 하기 위해 어제 저녁에 이곳에 왔는데요. 어느 한 남자 졸업생을 만났습니다. 그런데 그 친구는 어머니와 함께 학교에 다녔다는 거예요. 아, 물론 기숙사 방을 함께 쓰지는 않았다고 하더군요. 오늘 이 학교를 졸업하면 파리로 떠날 학생도 있었는데, 그는 벌써 자신의 자서전을 다 써놓았다고 하더군요. 여러분이 짐작하시는 대로, 자서전 곳곳에서 이 학교를 떠나고 싶지 않다는 말이 놀라울 정도로 자주 나왔습니다.

여러분이 곧 진출할 세상을 살펴보면 마치 분할 스크린을 보는 듯한 느낌이 들 것입니다. 여러분이 화면의 어느 쪽을 보느냐에 따라 세상을 보는 관점이 완전히 달라집니다. 현재를 바라보는 시각은 물론이고, 특히 미래에 대한 생각도 바뀌게 될 거예요.

화면의 반쪽을 살펴볼까요. 마치 부조리와 분노가 판을 치고, 근대 과학이 존재하기 이전의 중세 시대 세상 같지요. 확실한 건 아무것도 없고, 사실은 중요하지 않으며 진실은 자기 주장에 묻히기 십상이고요.

하지만 또 다른 세상이 있습니다. 바로 여러분이 만들어 낼 세상이지요. 대중 매체에서 도널드 트럼프의 대선 출마나 킴 카다시안의 새 남자친구의 이야기를 집중적으로 다룰 때에도 여러분들은 또 다른 세상을 만드는 데 힘을 쏟아야 합니다. 분할된 다른 한쪽 화면에는 창의적이고 혁신적이며 공감과 열정이 흘러넘치는 세상을 만들어 나가야 합니다.

이제 아름다운 캠퍼스를 뒤로 하고 떠나는 여러분, 멋진 세상을 만들기 위해 자신의 삶의 균형을 이루면서 더 즐겁게 생활하세요. 잠도 푹 자고 늘 감사하는 마음을 가지도록 하십시오.

대단히 감사합니다.

아리아나 허핑턴(Arianna Huffington)

　로렌스 총장님과 이사회 임원, 여러 교수님들, 뿌듯한 마음으로 앉아 계신 부모님과 친지 여러분, 무엇보다 여러분의 생에서 특별한 순간을 함께할 수 있도록 초대해 주신 2011년도 졸업생 여러분에게 영광의 인사를 드립니다.

　현대 사회는 경제가 와해되고 정치적으로도 혼란한 시대라고들 이야기합니다. 이런 엄청난 변화의 세계에서 우리에게 가장 필요한 것은 지능 지수가 아니라 지혜입니다. 제가 이 학교의 '진정한 지혜'라는 교훈을 아주 좋아하는 이유이기도 한데요. 지혜보다 더 중요한 것은 없기 때문입니다.

　지혜의 핵심 요소는 대담성입니다. 두려움이 아예 없는 상태가 아니라 두려움이 우리 앞을 가로막지 못하게 하는 상태이지요. 저는 제 삶에서 힘겨웠던 시절인, 출판사로부터 37번의 퇴짜를 맞았던 시절을 늘 떠올립니다. 25번의 퇴짜를 맞았을 때, 수중에 돈 한 푼 없이 걷다가 바이클레이스 은행을 발견하고 다짜고짜 들어가 대출을 받았습니다. 이 대출한 돈으로 생활을 할 수 있었기에 그 이후 13번의 퇴짜를 견뎌내고 출판사에 들어가는데 성공할 수 있었던 것입니다.

　몽테뉴가 이런 말을 했습니다. "내 삶에는 끔찍한 일이 많았지만, 대부분은 일어나지도 않았다."라고요. 곧 실패에 대한 두려움이 우리의 길을 가로막게 두어서는 안 된다는 것입니다.

　이제 아름다운 캠퍼스를 뒤로 하고 떠나는 여러분은 부디 두려움을 없애고 지혜로운 사람이 되십시오. 우리를 구해 줄 백마 탄 지도자를 기다리지는 마십시오. 그 대신 거울에 비친 지도자에게 눈을 돌리세요. 여러분 마음에 잠재된 리더십을 이끌어내야 한다는 것입니다. 세상은 여러분을 간절히 필요로 합니다. 과감하게 위험을 무릅쓰고 실패해도 괜찮습니다. 실패하면 할수록 성공에 가까워지고 있다는 뜻이니까요. 그리고 더욱 중요한 것은 세상이 바뀐다는 것입니다.

　멋진 세상을 만들 여러분을 위해 삶의 균형을 이루면서 더 즐겁게 생활하면 좋겠습니다.

　대단히 감사합니다.*

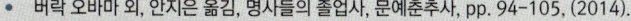

- 버락 오바마 외, 안지은 옮김, 명사들의 졸업사, 문예춘추사, pp. 94-105, (2014).
  * 아리아나 허핑턴(Arianna Huffington)의 연설문을 2분 연설문이 되도록 수정하였음.

 **프레젠테이션을 할 때 나타나는 비언어적 표현에 대한 평가**

1. 시선

- 화면과 청중을 번갈아 본다.
- 청중과 적절히 시선을 맞춘다.
- 시선처리를 자연스럽게 한다.

- 피피티 화면만 본다.
- 원고에 의존하여 청중을 보지 않는다.
- 화면을 오래 보고, 청중은 짧게 본다.
- 화면과 청중 사이를 산만하게 한다.

2. 표정

- 자신감 있는 표정
- 근엄한 표정
- 호소력 있는 눈빛
- 굳은 표정이지만 차분하고 안정적인 느낌

- 불안한 표정
- 굳은 표정
- 긴장한 기색
- 경직된 표정
- 거만한 표정
- 자료에 의존하는 듯한 자신없는 표정

3. 제스처

- 손동작을 구체적으로 한다.
- 고개를 화면 쪽으로 돌린다.

- 어색한 제스처를 취한다.
- 불필요한 손동작이 많다.
- 손가락을 꼼지락거린다.
- 제스처를 무기력하게 한다.

4. 몸동작

- 정중한 인사
- 화면 왼쪽에서 오른쪽으로 이동하며 단조로움을 피함
- 손으로 지시하면서 화면 쪽으로 한발 이동
- 신선함

- 옷 만지기
- 건들거림
- 교탁에 가만히 서 있음
- 비뚤어진 자세로 건방진 느낌
- 머리 매만지기
- 몸을 흔들어서 신뢰감을 떨어뜨림

5. 자세/태도

- 안정감 있는 진행
- 차분한 태도
- 자신감 있는 태도

- 자신 없는 태도
- 불량한 자세
- 지쳐 보이는 태도
- 건조한 진행
- 준비 미흡

6. 옷차림

- 단정한 옷차림

- 야구 모자
- 지저분한 헤어스타일
- 너무 화려한 의상
- 운동복 차림
- 짧은 바지

제6장

프레젠테이션 발표
언어적 표현

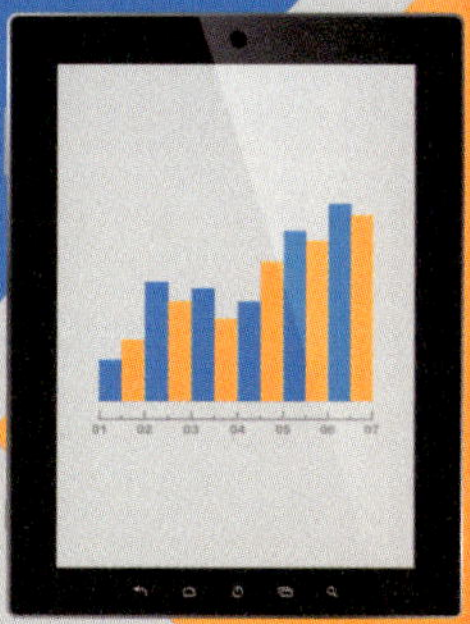

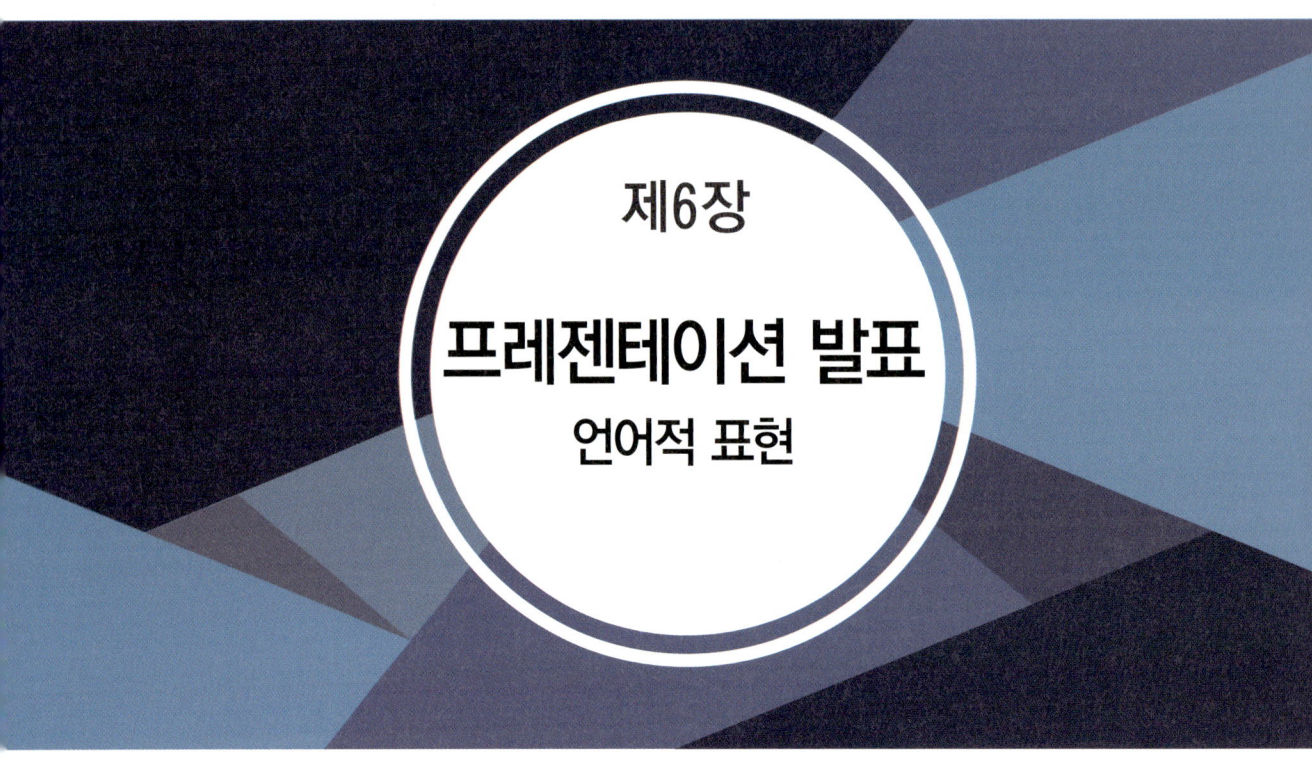

제6장
프레젠테이션 발표
언어적 표현

"안녕하십니까? 와 주셔서 감사합니다. 오늘, 우리는 역사를 만들 것입니다."

-스티브 잡스의 2007년 iPhone 출시 기조연설 중-

스티브 잡스는 프레젠테이션의 도입 부분을 위와 같이 시작했다. 이 짧은 스티브 잡스의 도입부는 다음에 이어질 프레젠테이션에 관심을 갖게 하였는가? 다음에 이어질 부분에 관심이 간다면 그 이유는 무엇일까? 프레젠테이션에서 청중들의 관심과 흥미를 유발시킬 수 있는 표현으로는 어떤 것들이 있으며 반대로 청중들의 흥미와 신뢰를 반감시키는 표현으로는 어떤 것들이 있는지 살펴보겠다.

6.1 프레젠테이션에서 유용한 표현

프레젠테이션에서 단계별로 유용하게 사용할 수 있는 표현으로는 어떤 표현들이 있는지 알아 보고, 여기에 자신만의 장점을 찾아 부각시키고 임팩트 있는 표현을 더하여 청중들의 관심을 끌고 그들이 신뢰를 얻을 수 있는 프레젠테이션을 해 보도록 하자.

1) 도입 부분에서의 유용한 표현

❶ 인사

여러분, 안녕하십니까
와 주셔서 감사합니다.
여러분 앞에 서게 되어 영광입니다.

❷ 자기소개

발표를 시작할 때 하는 연사의 자기소개는 자신에 대한 청중들의 신뢰도를 높일 수 있다. 자기소개를 통해 자신이 발표자로서 적합한 권한을 가지고 있는 사람임을 밝혀 발표에 대한 공신력을 얻을 수 있고, 무엇보다 청중들의 마음과 귀를 열어 그들이 발표에 관심을 가지게 할 수 있다. 물론 모든 사람이 발표자에 대해 알고 있다면 이러한 자기소개는 하지 않아도 된다.

❸ 주제 소개 및 발표 순서

저는 오늘 ~에 대해 이야기하려고 합니다.
제가 이야기할 것은 ~입니다.
저의 발표 주제는 ~입니다.
이 프레젠테이션은 세 파트로 나눠져 있습니다.

처음에 저는 ~을 이야기할 것입니다. 그리고 ~으로 넘어갈 것입니다. 마지막으로 ~에 대해 살펴보겠습니다.

~에 대해서 말씀드리도록 하겠습니다.

2) 본론

❶ 본론에 들어가며

첫 번째로
~로 시작해 보도록 하겠습니다.
우선 처음으로 ~하는 것에 의미가 있습니다.
제 연구 결과는 다음과 같습니다.

❷ 전환 문장

여기까지 ~에 대해 논의했습니다. 지금부터는 ~에 대한 이야기를 하겠습니다.
다음으로 ~에 대해 이야기하겠습니다.
그러면 다음 주제로 넘어가겠습니다.
그러면 ~의 이야기를 들어 봅시다.
일단 이 이야기는 접어 두고, ~에 대해 생각합시다.
지금까지 ~에 주목했습니다. 그러나 ~ 등의 다른 항목이 남아 있습니다.
자, 이제 ~로 넘어가겠습니다.
~에 대해 더 자세히 알아 보겠습니다.
잠시 다른 부분을 살펴보도록 하겠습니다.
말이 나온 김에
~문제를 간과할 수 없습니다.
앞서 이야기했던 것으로 돌아가겠습니다.

❸ 정리 및 강조

우리는 ~을/~에 주목해야 합니다.
이 점에 대해서는 몇 가지 이유가 있습니다.
이 점에 대해서는 몇 가지 설명이 있습니다.
이것은 두 가지로 설명될 수 있습니다.
그것에 대해 자세히 말씀드리겠습니다.
저는 이 점을 확장해 보겠습니다.
저는 다른 측면으로 이야기해 보겠습니다.
더 구체적으로 말하자면
앞에서 말씀드렸듯이
간단히 말하자면
~에 관한 다양한 관점들이 있다.
주요 논점으로 돌아갈까요?

❹ 설명

화면을 보시면 이는 ~를 의미합니다.
(화면, 표, 그림, 사진, 영상)을 봐 주세요.
이를 통해 우리가 유추할 수 있는 것은 ~입니다.
저 치수는 ~을 증명합니다.
저 숫자는 ~을 말해 주고 있습니다.
이 문제가 일어난 배경에 대해 자세히 설명해 드리겠습니다.
이 도표를 보시면 ~을 알 수 있습니다.
여러분이 보시는 것처럼
비교하자면 ~와 같은 것이다.
한 가지 예를 들자면 ~
예를 들면 ~

예를 한 번 들어보죠.

예를 통해서 살펴보겠습니다.

이 예에서 우리가 발견할 수 있는 것은 ~

이 부분을 좀 더 자세히 설명하기 위해 구체적인 예시를 드리겠습니다.

❺ 인용

~의 말을 인용하자면

~에 따르면

~을 인용하고 싶군요.

3) 마무리

❶ 마무리

결론적으로 말씀드리면

요약하자면

설명해 드린 바와 같이

~라고 말씀드리면서 발표를 마치고자 합니다.

여러분에게 ~을 다시 상기시켜 드리면서 발표를 마치고자 합니다.

❷ 제안

저는 강력히 ~을 제안합니다.

제가 제안하는 것은 ~

제가 제시하는 해결책은 ~

저는 ~ 추천 방안이 있습니다.

~ 점을 잊지 마시기 바랍니다. (당부)

❸ 맺은 말

이것으로 ~을 마치겠습니다.
~에 관하여 드릴 말씀은 다 드렸습니다.
이것이 제가 말씀드리고자 했던 것입니다.
시간을 내주시고 경청해 주셔서 감사합니다.

❹ 감사 인사

경청해 주셔서 감사합니다.
도움이 되셨기를 바랍니다.

❺ 질의응답

질문이나 하실 말씀이 있으십니까?
질문에 답변 드리겠습니다.
좋은 지적을 해 주셨습니다.
~에 관해 질문 주신 건가요?
다시 한 번 질문해 주시겠습니까?
질문에 답이 되셨나요?
그 질문은 개별적으로 논의하면 좋겠습니다.
다음 질문으로 넘어가도 괜찮겠습니까?

6.2 프레젠테이션에서 금지되는 표현

"진정한 웅변은 필요한 말을 전부 말하지 않고, 필요치 않은 말은 일절 말하지 않는 것이다."

-라 로슈코프-

앞에서 살펴본 프레젠테이션에서 사용하면 좋은 태도와 반대로, 발표자가 프레젠테이션을 할 때 반드시 지양해야 할 표현도 있다. 발표자가 자신도 모르는 사이에 지양해야 할 표현을 무의식적으로 사용하는 경우가 종종 있지만, 이는 청중에게 영향을 주게 되어 결국 발표자의 발표 전체에도 악영향을 미치게 된다.

1) "시차 적응이 안 돼서 피곤합니다. 지치네요. 술이 덜 깼어요."

발표자는 이와 같은 말로 청중들의 양해를 구하며 프레젠테이션을 시작하려고 하지만, 일반적으로 청중은 피곤하다는 말을 선호하지 않는다. 설사 그렇다 하더라도 최선의 모습을 보여 주는 발표자에게 호감을 느낀다.

2) "나중에 설명하겠습니다."

발표에 대해 더 알고 싶어하는 청중이 있다면 이를 절대 놓쳐서는 안 된다. 손을 들고 질문할 정도의 용기를 지닌 청중이라면 먼저 칭찬을 하는 것이 좋다. 이는 다른 청중들에게 자극을 줄 수 있기 때문이다. 이러한 질문이 프레젠테이션 후반부에 있다면 바로 중간을 건너뛰고 대답해 주는 것도 좋고, 그러기 힘든 경우에는 이러한 사실을 이야기해 주는 것이 좋다. 그러므로 발표자는 프레젠테이션을 하기 전에 청중이 할 만한 질문들을 미리 예상해서 답변을 준비하는 태도가 필요하다.

3) "제 말 들립니까?"

실제로 많은 프레젠테이션이 이러한 첫 마디로 시작하거나 마이크를 두들기면서 시작하기도 하는데, 이는 청중에 대한 예의가 아니다. 또한 대부분의 청중은 이에 답변하는 경우가 드물기 때문에 발표 전에 미리 확인하는 것이 필요하다.

4) "조명이 너무 밝아서 여러분이 보이지 않네요."

무대 위 지나치게 밝은 조명 때문에 발표자가 청중을 보기 어려울 수 있으나, 청중은 이 사실을 알아도 반응할 수 있는 방법이 없다. 발표자가 청중이 보이지 않더라도 자연스럽게 앞을 응시하며 아무 일 없는 듯이 발표를 진행하는 것이 효과적이다.

5) "슬라이드 글씨가 보이나요?"

슬라이드의 폰트 사이즈는 보통 청중의 평균 연령대 곱하기 2를 하면 된다. 예를 들면, 20대가 주를 이룬다면 폰트 사이즈는 40으로 해야 한다는 뜻이다. 슬라이드 속 텍스트는 적을수록 좋다.

6) "(슬라이드 내용을) 크게 읽어 보겠습니다."

이는 절대 해서는 안 되는 말로, 슬라이드의 텍스트를 따라 읽는 순간 청중은 집중력을 상실한다. 이 경우 청중은 더 이상 발표자의 말을 들으려고 하지 않으므로, 슬라이드 안에는 대부분 제목 정도만 텍스트로 포함하는 것이 좋다. 발표자는 가능한 프레젠테이션에서 해야 할 모든 말을 숙지하고 가는 자세가 필요하다.

7) "휴대 전화, 노트북, 태블릿을 꺼주시기 바랍니다."

프레젠테이션 중에 휴대 전화를 꺼달라고 요청하는 것은 요즘의 시대적 흐름과 맞지 않다. 전자 기기로 메모를 하거나 실시간으로 SNS에 전달하는 사람도 있으므로, 진동 모드로 해줄 것을 요청하는 것이 좋다.

8) "필기는 하지 않으셔도 됩니다. 추후 온라인에 제공됩니다."

프레젠테이션 자료를 추후 온라인에 제공하는 것은 바람직하지만, 이를 미리 청중에게 고지하면 청중은 발표자에 대한 집중도가 급격히 떨어지게 된다. 발표자의 내용을 기억하기 위해서는 청중 스스로 필기하는 것이 더욱 효과적이다.

9) "질문에 바로 답해 드리겠습니다."

청중의 질문에 즉시 답해 주는 것은 아주 좋은 일이지만, 청중이 한 질문을 다른 청중들은 못 들었을 가능성도 있으므로 그 질문을 다시 한 번 말한 후에 그에 대한 대답을 해 주는 것이 좋다.

10) "짧게 하겠습니다."

프레젠테이션은 보통 제한된 시간 안에서 이루어지는 것이므로, 이를 굳이 짧게 하겠다고 고지하는 것은 바람직하지 않다.

11) "자리를 마련해 주신 사장님께 감사드립니다."와 같은 감사말

청중들은 프레젠테이션에만 관심 있을 뿐, 발표자의 감사에는 흥미를 갖지 않는다. 오히려 이로 인해 프레젠테이션의 권위를 잃을 수도 있으므로 이러한 감사 인사는 추

후에 따로 하는 것이 좋다.

12) "~을 것 같습니다.", "~라고 생각합니다."와 같은 확신 없는 말투

발표자 자신이 확신을 갖지 못한다면 청중 또한 당연히 신뢰하지 못할 것이다. 프레젠테이션을 충분히 준비했다면 자신감을 갖고, 당연하다는 확신의 말을 사용하는 것이 발표자의 신뢰성을 높일 수 있다.

13) "앞의 분이 너무 잘해서 더 떨리네요.", "다른 분들은 다들 잘하시는데 저만 왜 이런지 모르겠어요."와 같이 비교하는 습관

자신을 겸손하게 보이려고 하는 것은 좋으나, 이러한 표현은 오히려 발표자의 경쟁력을 약화시키므로 삼가는 것이 좋다. 불필요한 겸양 표현은 연사의 신뢰도에 부정적인 영향력을 미치기 때문이다.

참고문헌

강숙희(2016), 『효과적인 프레젠테이션 전략에 대한 대학생들의 중요도와 실행도 인식』, 학습자중심 교과교육 연구, 학습자중심 교과교육 학회.

길형석, 성지희(2005), 『EFL 학생들을 위한 효율적인 5분 스피치 활용』, 학습자 중심 교과교육연구 No.10.

김갑년(2007), 『말하기 교육과 커뮤니케이션 트레이닝』, 텍스트언어학 23.

김상희 외(2007), 『문제 해결과 의사소통』, 가톨릭대학교 출판부.

김성훈(2014), 『효율적 커뮤니케이션을 위한 프레젠테이션 스토리텔링에 관한 연구 - TED의 프레젠테이션 사례를 중심으로-』, 한국디자인문화학회, 한국디자인문화학회지 20권 3호.

김세령(2014), 『효과적인 대학 프레젠테이션 교육을 위한 사례 연구』, 한국디지털정책학회, 제11호.

김세은(2014), 『커뮤니케이션의 새로운 은유들』, 커뮤니케이션북스.

김영도(2013), 『'개념적 혼성'을 활용한 창의적 글쓰기 방안』, 교양교육 연구 7-5, pp. 43-78.

김영은·윤태진(2013), 「한국사회 내 프레젠테이션 문화의 출현과 그 의미」, 『스피치와 커뮤니케이션』 제20호, 스피치 커뮤니케이션 학회.

김영임(1998), 「스피치커뮤니케이션」, 나남 출판.

김영임(2016), 『스피치 커뮤니케이션』, 한국방송통신대학교 출판문화원.
김주환 역(2012), 『스피치의 정석』, 교보문고.
김태경(2013), 「설명적 프레젠테이션의 평가 항목 설정」, 한국언어문화.
김현기(2010), 『파워 프레젠테이션 특강』, 한국문화사.
나은미(2007), 「성인화자의 말하기 평가 방법:효과적인 프레젠테이션의 조건 및 평가에 대한 고찰」, 화법 연구, 한국화법학회.
나은미(2007), 「효과적인 프레젠테이션의 조건 및 평가에 대한 고찰」, 화법연구 11, 화법학회.
다이앤 디레스터 저, 심재우 역(2010), 「MBA에서도 가르쳐 주지 않는 프레젠테이션」, 비즈니스북스.
데이비드 크리스털 저, 이희수 역(2016), 『힘있는 말하기』, 토트.
도원영(2008), 「말하기에서의 동작 언어에 대한 고찰 – 자기소개와 프레젠테이션을 중심으로 –」, 한국어학.
류현주(2015), 「프레젠테이션, '쇼'하지 말고 '톡'하라!」, 팜파스.
박만엽(2008), 「서울시립대학교 〈발표와 토론〉 수업 운영에 대한 사례 보고」, 사고와 표현, 한국사고와표현학회.
박승주(2014), 『발표의 정석』, 나비의 활주로.
박재현(2013), 「국어교육을 위한 의사소통 이론」, 사회평론.
백미숙(2006), 「성균관대학교 〈스피치와 토론〉 교육 사례」, 「한국 수사학의 월례 학술 발표회」, p102.
사이먼 모턴, 이은준 역(2015), 프레젠테이션랩, 길벗.
서승아(2011), 토론 기반 말하기 학습에 대한 연구 – 대학생의 설득적 말하기 수업을 대상으로, 화법연구 19.
손세모돌(2007), 설명 능력 평가 방법, 화법연구 11, pp. 67-108.
숙명여대(2010), 『세상을 바꾸는 발표와 토론』, 경문사.
스티븐 데닝(2005), 스토리텔링으로 성공하라, 안진환 역, 을유문화사.
양혜련(2003), 모듈식 프레젠테이션 교육 프로그램 개발, 비서학 논충 12-2, 한국비

서학회.

오현진(2015), 대학생 프레젠테이션 교육 평가 방법에 대한 고찰, 한민족문화연구, 한민족문화학회.

우지은(2011), 「목소리, 누구나 바꿀 수 있다!」, p126, 포힘.

유혜원(2009), 프레젠테이션 평가 내용을 통한 교육 내용의 모색에 관한 고찰 – 대학 말하기 교육을 중심으로, 한국어학, 한국어학회.

유혜원(2010), 말하기 교육을 위한 격식 표현 연구: 공적 말하기를 중심으로, 교양교육연구.

유혜원(2012), 말하기 목적에 따른 내용 구성에 대한 연구, 대학작문 4, 대한작문학회.

이민영(2012), 『마법의 18분 Ted처럼 소통하라』, 비즈니스맵.

이상민(2013), 대학생의 말하기 능력 향상을 위한 스토리텔링 방법론 연구, 교양교육연구 7-1, pp. 261-285.

이서영(2009), 설득적 스피치의 메시지 구현 방법에 관한 연구: 오바마, 케네디, 마틴 루터킹의 스피치 비교 분석, 연세대학교 언론홍보대학원 석사학위 논문.

이서영·이상호(2012), 비언어 커뮤니케이션 비교 연구: 한국과 미국 대통령의 취임사를 중심으로, 스피치와 커뮤니케이션 vol. 18, 한국소통학회.

이승일 외 9명(2011), 『프레젠테이션 코칭 북』, 길벗.

이유나(2008), 발표 상황에서 발표자의 비언어적 요소가 발표자의 이미지 평가 및 메시지 인지도에 미치는 영향, 스피치 커뮤니케이션.

이유미(2016), 프레젠테이션 교육에 관한 연구 양상 고찰, 교양학연구 3, 다빈치미래교양연구소.

이은자(2014), 외국인 유학생 프레젠테이션 수업 사례, 배달말 학회, 54.

이지윤(2012), 『영어 프레젠테이션 불패 노트』 길벗.

이창덕 외 (2007), 『발표와 연설의 핵심 기법』, 박이정.

이한라(2010), 「스피치 능력 신장 방안 연구」, p95, 성균관대학교 교육대학원 석사학위 논문.

이효석 · 최현수(2006), 『말하기(스피치)의 기술』, 서울: Tenbook.

임성호(2012), 버락 오바마 미국 대통령의 주요 스피치 속에 담긴 지도자 이미지 구성 요소 분석 연구, 한국언론학회.

이혜영 · 김현주(2014), 「비언어의 상호동기화가 커뮤니케이션에 미치는 영향」, 「스피치와 커뮤니케이션 25」.

임태섭(1994), p107.

임태섭(2010), 『스피치 커뮤니케이션』, 커뮤니케이션북스.

장혜영(2012), 『발표와 토의』, 커뮤니케이션북스.

전애란(2013), 체제적 교수 설계에 의한 설득 스피치 교육 효과 분석, 스피치와 커뮤니케이션 vol. 20, 한국소통학회.

전영우(2004), 『스피치와 프레젠테이션』, 민지사.

정미영(2009), 『스피치 커뮤니케이션: 이론과 실제』, 한국학술정보.

정상수(2016), 효과적인 아이디어 프레젠테이션에 관한 연구, 한국사회과학연구, 청주대학교 사회과학연구소.

정현숙(2012), 교양 기초교육으로서의 의사소통 교육에 대한 제언: 성균관대학교의 스피치와 토론 과목 사례, 교양교육연구 6.

정혜경(2016), 독서 토론에 기반한 프레젠테이션 교육 방안: "독서 토론 프레젠테이션"을 중심으로, 배달말학회, 〈배달말〉 58권.

제러미 도노반 외(2015), 『(30초 만에 상대의 마음을 사로잡는) 스피치 에센스』, 진성북스.

제레미 도노반(2012), TED 프레젠테이션, 김지향 · 송상은 역인, 사이트앤뷰.

조맹섭 · 조윤지(2011), 「프레젠테이션학 원론」, 시그마프레스.

조민하(2013), 프레젠테이션의 효과적인 조음 및 운율 전략 – 대학생의 정보전달적 말하기와 설득적 말하기의 비교를 통하여 화법연구, 24.

조원환(2012), 『스피치 트레이닝』, 디프넷.

최영인(2012), 청중 분석을 통한 설득 스피치 구성 연구, 화법연구 vol. 21, 한국화법학회.

최혜령(2015), 아이디어 생성을 통한 글쓰기 교육 방안 - 라이프 커넥션을 중심으로, 대학작문 13, pp.37-68.

카민 캘로(2014), 『어떻게 말할 것인가: 세상을 바꾸는 18분의 기적 TED』, 알에이치코리아.

조미경·허은아·우지은 외 8명(2014), 「프레젠테이션코칭북」, 길벗.

칼 풀린·임랑경(2011), 스토리 프레젠테이션, 다산북스.

크리스 앤더슨(2016), 『TED TALKS』, 21세기북스.

클라우드 포그·크리스티안 부츠·바리스 야카보루(2009), 스토리텔링의 기술: 어떻게 만들고 적용할 것인가, 황신웅 역, 멘토르.

티모시·케이글(2007), 『프레젠테이션 발표의 기술』, 멘토르.

황성근(2011), 글쓰기에서 말하기의 영향 - 의사소통 측면을 중심으로, 사고와 표현 4-1, pp. 183-208.

Donova, Jeremey(2012), 『TED 프레젠테이션』, 인사이트앤뷰.

Julia T. Wood(2015), 『대인 관계와 소통』, 한경사.

Monroe, A. H.(1943), *Monroe's Principles of Speech (military edition)*, Chicago: Scott, Foresman.

Stephen E. Lucas|(2012), 『스피치의 정석』, 교보문고.

Westen. Drew(2007), *The Political Brain : The Role of Emotion in Deciding the Fate of the Nation*, Perseus Books Group, 뉴스위크 한국판 역(2007), 감성의 정치학: 마음을 읽으면 정치가 보인다, 중앙북스.

웹문서

The Total Communicatior(2003),
http://totalcommunicator.com/winter_2003.html.

Public words(2008),
http://www.publicwords.com/2008/01/21/whats-the-diffe-2/

Ehninger, Douglas Whately, Richard Potter, David(2010(1846),
Elements of Rhetoric, Southern Illinois University Press

국제신문 2016.05.12. 기사
http://www.kookje.co.kr/news2011/asp/newsbody.asp?Code=0300&key=20160512.99002142048

JTBC 뉴스룸 앵커브리핑 2016년 4월 19일, 2016년 7월 11일